나는 전략적으로 살 것이다

비전 있는 직장인의 태도

최송목 지음

# 나는 전략적으로 살 것이다

유노
북스

# 월급쟁이에서
# 전략적 직장인으로

얼마 전까지만 해도 좋은 대학에 못 가서 난리였는데 요즘은 취직하기
가 어려워서 아우성이다. 많은 사람이 취업을 위해 졸업을 미루기도 하고
심지어 취업 재수, 삼수도 마다하지 않는다. 마치 취업이 인생의 전부이고
종착역이라도 되는 것처럼 목숨을 걸고 있다. 고용 노동부 자료에 따르면
2020년 3월 말 기준, 우리나라에서 1인 이상 사업체에 종사하는 직장인은
1,827만 명이다. 이는 전체 인구의 약 35%에 해당한다. 경제 활동 가능 인
구는 4,418만 명으로 41%다. 어린이를 제외하면 전체 인구의 절반이 직장
인인 셈이다. 인구의 절반이 직장 생활로 힘들어하고 있다. 그리고 우리는
그렇게 '힘들다는' 직장에 못 들어가서 안달이고 해고당할까 봐 걱정하는
모순적인 세상에 살고 있다. 이게 다 팍팍한 현실 때문이다.

나는 당신에게 물어보고 싶다. 정말 취업이 인생의 종착역인가? 취직만

하면 앞으로 뻥 뚫린 고속도로처럼 탄탄대로인가? 그토록 원하던 직장에 들어가면 과연 행복할까? 청춘을 바쳐 안간힘을 쓴 대가가 고작 하찮은 고달픔은 아닌가? 언젠가는 잘될 거라는 막연한 기대가 정말 현실이 될까?

취직만 하면 문제없는 인생을 살 줄 알았는데, 입사 전에는 취업 과정이 힘들고 입사 후에는 직장 생활이 힘들다. 현실은 산 넘어 산인 것이다. 신입 사원만 힘든 게 아니다. 10~30년 다닌 팀장, 이사 등 경력 많은 선배도 도긴개긴이다. 오히려 다닐수록 더 다양한 고민이 생긴다. 회사를 그만두거나 옮긴다고 해결될 문제도 아니고, 계속 이렇게 지내자니 마음이 답답하다. 뭐가 잘못됐을까? 어찌해야 좋을까? 죽어라 일했는데 이런 괴로움에 시달리는 이유가 뭘까?

전략 부재라고 생각한다. 즉, 입사 후의 미래를 생각하지 않았기 때문이다. 최종 목표가 취직인 사람은 그 이후의 대비책이 없다. 스펙을 쌓기 위한 공부는 수년간 했지만 직장에 대한 공부는 해 본 적이 없다. 눈에 보이는 것만 집중하다 보니 실제로 직장 생활을 주도하는 보이지 않는 힘과 존재를 생각하지 못한다. 직장 생활에 적응하는 데 힘쓰는 사람은 당장 눈앞의 현실에 정신이 팔려 두 수, 세 수 앞을 내다보지 못한다. 우리는 이런 '수'들을 내다볼 수 있어야 한다.

첫 번째 '수'는 직장에서의 일의 가치와 방향성 정립이다. 일과 삶의 균형, 직장의 본질과 개념, 직업 선택의 기준, 출근하는 이유, 내가 진정으로 원하는 것이 무엇인지를 생각해 보고 미래 방향을 설정하는 수다.

두 번째 '수'는 전략적인 직장 생활을 위한 계획과 전술이다. 나와 직장의 구조적인 관계를 객관적으로 살펴보고, 어떻게 해야 직장에서 원하는 목표에 도달할 수 있는지를 알아본다. 2장에서는 추상적인 개념을 넘어 실질적이고 구체적인 방법을 제시한다. 핵심 인재로 자리 잡는 방법, 연봉 올리는 법, 스펙 만들기, 종잣돈 1억 원 마련하기, 이직 핵심 노하우, 이직 체크리스트 등 현실적인 주제와 방법들의 수다.

세 번째 '수'는 흔히 '사회생활을 잘한다'고 하는 직장 내 인간관계를 형성하는 방법이다. 직장인으로서의 '나'와 상사 사이의 역학 관계를 통찰하고 서로가 원하는 방향을 조정, 타협하면 목적을 달성할 수 있다. 내가 원하는 방향으로 상사를 움직이는 수다.

네 번째 '수'는 변동성이 큰 직장과 인생이라는 긴 여정에서, 나의 정체성을 잃지 않으면서 원하는 인생을 살 수 있도록 일과 삶의 균형을 맞추는 방법이다. 그리고 나아가 나를 지배하고 스스로 진화해 가는 데 필요한 가치와 방법을 생각하는 수다.

이 네 가지 '수'를 종합하면 성장과 성숙을 통해 스스로 삶을 진화시키는 전략과 방향이다. 일의 가치와 방향, 계획과 전략, 상사와의 관계, 스스로를 지배하는 과정을 거치면 진화하는 가치에 대한 영감을 얻을 것이다. 오랫동안 수능 영어를 강의한 일타 영어 강사 이명학은 "영어를 잘하는 것과 문제를 잘 푸는 것은 다르다"라고 말했다. 문제를 잘 풀려면 출제자의 의도를 파악하는 것이 가장 중요하다. 마찬가지로 직장인으로서 훌륭한 스펙을 갖추고 입사하는 것과 직장 생활을 재미있고 전략적으로 잘하는 것은 다른 문제다.

나는 지금 이 책을 손에 든 여러분의 모습을 상상해 본다. 한 치 앞도 보지 못하고 늘 힘없는 미생 직장인이었던 당신이 어느 순간부터 직장의 본질을 이해하고 보스의 생각을 간파하고 예측하면서 직장 생활을 유쾌하게 해 나가는 모습이다. 당신이 파악해야 할 대상이 과장이든, 부장이든, 사장이든, 그들의 생각을 미리 꿰고 출근할 수 있다면 당장 내일 아침부터 마음이 훨씬 편하고 유쾌해지지 않을까? 마치 게임을 하는 것처럼 말이다. 그래서 당신이 바라보는 세상이, 당신이 출근하는 사무실이 조금 더 환해지기를 바란다.

나 또한 사업을 시작하기 전에 13년가량 평범한 직장 생활을 했다. 그리고 여러 조직의 리더로 20여 년을 살아오다가 다시 직장인으로 돌아온 '돌직(돌아온 직장인)'이다. 잠깐 회상해 보면, 리더였다가 다시 직원이 돼서 출근하는 일이 생각보다 쉽지는 않았다. 매일 지시하던 입장에서 지시를 받는다는 게 손바닥 뒤집듯 결코 만만한 일이 아니었다. 상황을 잘 아는 친구들은 "잊어 버려라", "내려놓아라", "과거는 잊어라" 등 많은 조언을 했다.

하지만 처음에는 별것 아닌 사소한 지시도 받아들이기 힘들었고 의견을 제시할 때도 말이 불쑥불쑥 나오는 바람에 눈총을 받기도 했다. 줄곧 직장 생활을 해 온 사람이라면 그러려니 넘어갈 일도 나에게는 감정적으로 다가와 처리하기가 어려웠다.

한마디로 나는 '신입 사원→대리→차장→사장'에서 다시 직원으로 돌아온, 사장 출신 '다시 직원'이다. '다시 직원'이 주는 느낌은 신입 시절보다 훨씬 강렬했다. 역설적이게도, 그 강렬한 느낌이 나에게 큰 깨달음과 반추의 시간을 줬다. 그 덕분에 이 책에서 여러분에게 해 줄 수 있는 이야깃거리가 생겼다.

이 책에 나오는 사장, 임원, 부장, 과장은 통틀어 당신의 상사, 보스이자 당신이 장차 차지하게 될 자리다. 그리고 회사원, 직장인, 샐러리맨, 봉급자는 엄밀히 따지면 다른 개념이지만 문맥이나 상황에 따라 섞어 사용했다. 책 중간중간에 가끔 당신과 마주 앉아 있다고 상상하며 질문을 던지거나 중얼거리기도 할 것이다. 그러면 당신도 스스로 생각하고 답하는 시간을 가져 보기 바란다.

이 책이 그동안 막연하게만 생각했던 직장, 출근, 상사, 사장에 대한 뿌연 안개를 걷어 내고 좌표를 찾아 주는 나침반이 되기를 바란다. 이 책의 최종 목표는 당신이 직장 생활에서 느낀 불확실성이 사라지면서 시야가 확 트이고 어깨를 펴는 당당한 직장인이 되는 것이다.

그동안 직장인이 직접 쓴 직장 생활에 대한 책은 '을의 관점'이라는 한계가 있었고, 경영학이나 심리학 교수가 쓴 책은 실제 현실과의 차이가 있었을 것이다. 이 책은 그런 한계를 깨려는 시도에서 시작됐다. 그래서 가능하면 '착하게', '열심히', '성실히' 살자 같은 뻔한 소리는 삼가려고 노력했다. 그런 내용이 있다면 반드시 그럴싸한 이유를 달았다. 가능하면 돌려 말하지 않고 본질을 보고 직설했다. 중력에 익숙해져 늘어진 당신의 희망 근육을 일깨우고, 현실에 안주하느라 게슴츠레해진 당신의 눈에 신선한 바람을 보내며 용기를 북돋워 보려 한다.

# 목차

# 2장 나의 가치를 극적으로 끌어올리는 법

# 3장    전략적 직장인의 보스 사용 설명서

# 4장   직장 너머 인생을 본다

# 1장

# 나는 직장에서
# 무엇을 얻을 것인가

사장에게 기업가 정신이 있다면
직원에게는 직장인 정신이 있다

# 당신에게
# 직장이란 무엇인가?

　사바나에 있다가 동물원에 잡혀 온 얼룩말이 있다. 이 얼룩말은 사자의 위협에 시달리고 우기와 건기에 따라 이동하는 초원 생활에 지쳐 있었다. 그러던 중 동물원에서는 삼시 세 끼도 꼬박꼬박 주고 잠자리도 괜찮다는 소문을 듣고 일부러 잡혀 온 것이다.

　하지만 막상 동물원에 와 보니 이곳은 상쾌한 바람도, 드넓은 초원도, 친구들도 없었다. 한마디로 답답했다. 끼니가 보장되는 건 좋지만 사육사의 잔소리와 갑질이 흠이다. 또, 초원에서는 내가 먹고 싶을 때 먹고 자고 싶을 때 잘 수 있었지만 동물원에서는 정해진 시간에 정해진 음식만 먹을 수 있다. 그런데 소문을 듣자 하니 근처의 작은 동물원은 먹이도 부족하고 학대당하는 동물도 많다고 한다. 동물원이라고 다 먹이가 풍족하고 사육사가 친절한 건 아닌가 보다.

동물원에서 나고 자란 어린 얼룩말들은 말한다. 맑은 하늘이 펼쳐진 푸른 초원은 자유가 가득한 천국일 거라고. 하지만 실제로 초원에서 온 어른 얼룩말들은 이렇게 말한다.

"초원도 초원 나름이다. 소문과 달리 요즘 초원은 척박하고 먹이 경쟁도 치열하지. 초원은 사자, 악어, 하이에나 같은 맹수들이 우글거리는 위험한 곳이야."

무엇이 바람직한 선택일까? 초원일까? 동물원일까? '위험한 천국'인 울타리 없는 초원을 달리는 얼룩말도 있고, '안전한 감옥'인 동물원에서 최소한의 먹이를 보장받는 얼룩말도 있다. 동물원에 있다 보면 고향의 얼룩말들에게 많은 질문을 받는다. 초원보다 살기가 좋은가? 풀은 삼시 세 끼 나오나? 사육사의 간섭은 어느 정도인가? 좋은 동물원을 고를 수 있나? 마음이 바뀌면 다시 초원으로 돌아갈 수 있나?

지금 여러분이 출근하고 있는 직장은 동물원과 무엇이 다른가?


## 하루의 80%를 직장 생활이 차지한다

여러분의 삶에서 직장이 차지하는 비중은 얼마나 될까? 어림잡아도 '하루 종일'이다. 어쩌면 너무 당연해서 꼼꼼하게 따질 필요도 못 느꼈을 것이다. 하루 24시간 중에서 잠자는 7시간을 빼면 실제로 우리가 활동할 수 있는 시간은 17시간이다. 통상 근무 시간은 8시간이고 점심시간 1시간, 출퇴근 준비와 왕복 이동 시간 3시간을 더하면 우리는 직장을 위해 총 12시간을 쓴다. 가용 시간 17시간 중 12시간은 70%를 차지한다. 70%라는 비율만으로도 직장은 단순한 일터를 넘어 생활의 중심임을 증명하고 있다. 여기에 회사와 관련된 각종 모임, 인간관계에 쓰는 시간까지 더하면 우리가 직장에 쏟는 시간은 총 80% 이상이다.

우리는 생활의 80%나 차지하는 직장에서의 시간을 너무 생각 없이 보내는 건 아닌지, 일상의 관성에 떠밀려 보내는 건 아닌지 생각해 봐야 한다. 첫 번째로 생각할 점은 내 삶의 80%나 차지하는 '직장'의 구조와 존재다. 두 번째는 그곳에 있는 '나'를 성찰하는 일이다.


당신은 왜 일하는가? 이런 질문을 하면 흔히 돈, 지위, 명예, 성공 등 때문이라고 답할 것이다. 일의 성취나 결과물에 불과한 그런 뻔한 답 말고 진짜 일하는 이유가 뭘까? 수단 뒤에 감춰진 진짜 이유를 알아야 한다.

# 왜
# 일하는가?

일은 고통일 수도 있고 즐거움일 수도 있다. 성경 창세기에서 태초의 인간에게 일은 축복이었지만 하느님의 뜻을 거역한 이후부터 땀을 흘려야만 빵을 먹을 수 있는 형벌이 됐다. 표현을 완화해도 '의무' 정도다. 그리스 신화에도 일하는 형벌이 등장한다. 코린토스의 왕 시시포스의 신화다. 커다란 돌을 산꼭대기까지 밀어 올리면 다시 밑으로 굴러 떨어져 처음부터 돌을 밀어 올리는 일을 영원히 반복하는 형벌이다.

## 인류가 워커홀릭이 된 사연

과연 노동은 성스럽고 게으름은 비난받아야 하는 행위일까? 영국의 철학자 버트런드 러셀은 《게으름에 대한 찬양》에서 현대의 기술 문명 덕분에 모두가 편안하고 안정적일 수 있는 가능성이 열렸음에도 기계가 없던 예전처럼 여전히 과잉 노동과 과잉 생산을 하며 과로, 굶주림에서 자유롭지 못함에 주목했다. 그는 소수 특권층에게만 부여되던 '게으름의 기회'가 모두에게 제공되고 '근로가 최고의 미덕'이라는 강박 관념에서 벗어나야 모두가 '즐겁고, 가치 있고, 재미있는' 활동을 추구하며 살아갈 수 있다고 주장했다. 진정한 자유와 주체성을 위해서는 여가가 필요하므로 '행복해지려면 게을러지라'는 것이다.

그렇다고 평생 놀고먹을 수도 없을 것 같다. 쾌락도 일상이 되면 지겹고 지친다. 로마의 황제 네로처럼 단지 심심하다는 이유로 도시를 불태울지도 모른다. 17세기 최고 철학자 르네 데카르트는 정오 이후에 일어나 하루의 대부분을 침대에서 보내는 게으름뱅이였다. 아이러니하게도 그를 죽음으로 몬 것은 부지런함 때문이다. 그가 부지런한 스웨덴의 여왕 크리스티나의 개인 선생으로 초빙되고 새벽 5시 수업을 시작한 지 불과 몇 달 만에 폐렴으로 숨진 것이다.

그렇다면 우리는 게으름과 부지런의 갈림길에서 어디로 가야 할까? 과잉 노동은 언제부터 시작됐고 게으름의 미래는 어떻게 될까? 동물이 필요한 만큼 사냥하고 대부분을 잠과 휴식으로 보내듯, 고대 인류도 마찬가지였다. 아무리 많은 먹잇감을 사냥해도 어차피 보관할 수 없었기 때문에 과잉 노동은 무의미했다. 하지만 농업이 정착되고 축적의 시대로 접어들자 모든 게 달라졌다. 올해 열심히 일하면 내년에 배불리 먹을 수 있기에 추가 노동을 시작한 것이다. 미래가 현재의 삶을 장악하기 시작했다.

## 인간은 어떤 식으로든 반드시 일한다

IT를 기반으로 한 3차 산업 혁명, 인공 지능 위주의 4차 산업 혁명의 시대가 오자 노동이 필수가 아닌 선택이라는 새로운 국면에 접어들고 있다. 카이스트 교수이자 뇌 과학자인 김대식 박사는 이를 '노동의 정상화'라고 표현했다. 그는 이어 이렇게 말했다.

"게으름이 나태와 매너리즘이 아닌 지적 여유와 상상력을 가능하게 한다면 탈노동 시대의 새로운 인류의 모습을 가능하게 할 수도 있다."

게으름의 미래가 유토피아가 될지 아니면 디스토피아가 될지는 우리 손에 달려 있다는 것이다.

한편, 사람 말고 동물에게도 노동이라는 개념이 있을까? 동물도 먹이를 구하는 활동을 한다. 그것은 살아남기 위한 본능의 몸짓이다. 하품하면서 누워 있는 사자의 생각을 읽을 수는 없지만 사람처럼 일의 가치와 의미를 느낀다고 보기는 어렵다. 반면, 인간은 일에서 즐거움이나 희열, 보람을 느끼기도 한다.

결국 종합하면 인간은 향후 한참 동안은 숙명적으로 일해야 하는 존재로 보인다. 왜 일하는가? 이런 쉽고도 어려운 질문에 대부분은 돈 때문이라고 답하지만 실제로는 성취감과 가치 실현을 위해서, 취미로, 좋아서, 더러는 심심해서도 일한다. 목적이 있어서 일하지만 목적 없이 일하기도 한다. 그밖에도 여러 가지 이유가 있지만 어쨌든 인간은 일하지 않으면 못 견디는 존재다. 가난한 자는 궁핍에서 벗어나기 위해, 부자는 더 벌기 위해, 직장인은 마지못해 또는 습관적으로 일한다. 우리 회사 사장도 일하고, 세계적 갑부 빌 게이츠도 일하고, 전철역 귀퉁이에서 구걸하는 거지도 자신의 일을 한다. 일의 종류와 보상은 다를 수 있지만 일한다는 점에서 우리 모두는 공평하다고 할 수 있다.

# 일과 삶의 균형을 맞추는 '직장인 정신'

아무리 사람에게 일이 필요해도 일에 집중하다 보면 반드시 지치고 힘든 상황이 찾아온다. 그래서 만들어진 개념이 워라밸(Work & Life Balance)이다. 일과 휴식을 분리해서 삶의 균형을 잡아 보자는 것이다. 그런데 현실적으로 일과 삶을 분리하기란 어렵다. 그래서 워라인(Work & Life Integration)이라는 절충안이 나왔다. 일과 삶을 적당히 섞어서 어우러지게 하겠다는 뜻이다. 워라밸, 워라인 중 어느 쪽이 더 좋다고 단정 지을 수는 없다. 분명한 것은 '일'과 '삶'은 서로 떼어 놓을 수도, 완벽하게 붙일 수도 없는 불가분의 관계라는 것 정도다. 일과 삶의 균형을 맞추기 위해 회사도 노력하고 개인도 노력하고 있지만 무엇이 정답이라고 명확하게 밝힌 연구 결과는 없다. 이런 삶의 방식은 각자의 상황과 처지에 따라 알아서 실천해야 하는 개인의 문제가 돼 버렸다.

# 직장인 정신이란 무엇인가?

흔히 기업가에게 기업가 정신, 기업가 철학, 장인 정신을 가져야 한다고 말한다. 마찬가지로 직장인에게도 직장인 정신, 직장인 철학, 직장인 정체성이 필요하지 않을까 생각한다. 각자 나름의 존재 가치와 방향성이 있어야 한다는 뜻이다. 이 점에 대해 일본에서 가장 존경받는 3대 기업가 중 한 명이자 살아 있는 경영의 신으로 불리는 이나모리 가즈오는 《왜 일하는가》에서 다음과 같이 말했다.

"많은 사람이 '내가 좋아하지도 않는 일'을 하고 있다며 스스로를 비하하고 불만스러워한다. 주어진 일에 불평불만을 갖고 원망만 한다면, 그 일을 마주하는 것 자체에 짜증 날 뿐 아니라 그 일을 해야 하는 자신이 너무나 초라하게 여겨진다. 그럴수록 자신을 더 무능력자로 몰아세운다. 왜 자신의 능력이 얼마나 위대한지 시험해 보지도 않은 채 달아나려고만 하는가? 우리가 열심히 일하는 것은 내면을 키우기 위해서라고 생각한다. 내면을 키우는 것은 오랜 시간 엄격한 수행에 전념해도 이루기 힘들지만, 일에는 그것을 가능하게 하는 엄청난 힘이 숨어 있다. 매일 열심히 일하는 것은 내면을 단련하고 인격을 수양하는 놀라운 작용을 한다."

이나모리 가즈오의 말은 다 맞지만 왠지 우리에게는 도달하기 힘든 수행자의 독백처럼 들린다. 그리고 직장인은 경영의 신이 되기 위해 회사를 다니는 게 아니다. 이는 임원이 되면 생각해 보는 게 좋겠다. 차라리 "나는 일을 하기 때문에 행복하며 매일매일 성공을 만들어 나가고 있기 때문에 일한다"라고 말한 헬렌 S. 정의 말을 새겨 듣는 게 더 나을지도 모르겠다.

현실적으로 돈을 좇자니 삶이 팍팍해지고, 일상의 행복을 추구하며 놀고먹자니 현실이 궁해진다. 사람들이 엄청나게 많은 돈, 대단한 행복을 추구하는 것도 아닌데 현실은 늘 까다롭고 마음먹은 대로 되지 않는다. 직장인이 일과 삶에서 추구하는 행복이란 때로는 이랬다, 때로는 저랬다 하면서 두고두고 뒤척이는 평생 숙제 같은 것이 아닌가 싶다.

# 직장 생활은
# 합의된 구속이다

    당신은 집에서 직장을 다니고 있는가? 아니면 직장에서 집을 다니고 있는가? 집에서 쉬다가 일하러 가는지, 일하고 쉬기 위해 집으로 돌아오는 지, 즉 회사와 집 중 어느 것이 주(Main)인지를 묻는 것이다. 그 대답에 따라 당신의 도착지가 달라진다. 직장인들은 보통 집에서 직장으로 "일하러 간 다"라고 말한다. 자의든 타의든 정해진 시간에 출퇴근하고 일하는 약속의 노동 시장, 즉 직장에 가는 것이다.

    회사와 한 약속은 시간과 공간이 제한된 구속이다. 회사별, 직급별, 개 인별로 구속의 범위가 다양하다. 업무 결정권이 많으면 제한이 적겠지만 반대로 재량권이 거의 없다면 극단적으로 상사가 시키는 일만 해야 한다. 아리스토텔레스는 이를 '강제된 삶'이라고 말했다. 결국 누군가로부터 돈 을 받고 일한다는 것은 크건 작건 구속이다.

옛날에는 '노예'라 하면, 영화의 한 장면처럼 손발이 묶여 상선에 실려가는 장면을 떠올렸지만 현대적 노예의 의미는 조금 다르다. 강압적 구속이 아니라 제 발로 울타리에 들어온 노동자들이다. 본인이 원해서 출근하지만 제도와 규칙이라는 크고 작은 통제를 받으며 구속된 생활을 하는 것이다.

사전에서는 직장인을 '규칙적으로 직장을 다니면서 급여를 받아 생활하는 사람'이라고 정의한다. 일명 샐러리맨, 낮은 표현으로는 월급쟁이다. 요즘은 회사를 워크(일하는 공간), 플레이(놀이터), 스테이(머무는 공간), 캠퍼스(대학 교정)의 개념을 빌려 격을 높여 부르기도 하지만 이는 언어의 성찬에 불과하다. 노사가 서로 합의를 하든, 제도적으로 관리 감독을 하든, 직장의 본질은 역시 '구속'이다. 노예 시절과 달라진 게 있다면 채찍이 없다는 것과 덜 강제되고 덜 억압된 노동이라는 점이다.


## 서로가 필요해서 맺은 관계

샐러리맨은 회사에서 주는 보수로 생활의 안정을 찾고, 회사는 샐러리맨의 노동으로 수익을 추구한다. 이는 근로 계약에 의하여 일정 기간 동안 하루 8시간씩 일한다는 조건, 어떤 프로젝트를 언제까지 하는 조건 등으로 합의된 관계다. 한마디로 회사의 구속과 근로자가 원하는 수단을 맞교환한 것이다.

합의에는 반드시 협상이 필요하다. 지금까지는 대부분 회사가 내건 조건을 입사자가 동의하는 방식으로 이뤄졌다. 실제로 근로 계약서의 조항 하나하나에 이의를 제기하거나 조건을 수정해 본 직장인은 거의 없을 것이다. 대기업, 공기업, 공무원 등 좋은 일자리보다 구직자가 더 많으니 당연히 회사를 따를 수밖에 없다. 협상이라는 말은 사실상 무의미하고 취업 준비생이 백기를 들고 투항하며 근로 계약서에 사인해 온 게 현실이다. 다행히 점차 민주적인 합의 방식으로 변화되고 있기는 하지만 여전히 수요와 공급 때문에 일어나는 난제이기도 하다.

이를 좀 더 큰 국면으로 살펴보기 위해 운동장이 하나 있다고 가정해 보자. 운동장은 직장이고 운동장에서 열심히 달리는 사람이 직장인이다. 운동장을 만들고 잘 유지, 경영하는 것이 회사의 역할이라면 그 운동장에서 잘 뛰는 것이 직장인의 역할이다. 운동장에 잔디를 깔고 기구를 설치하는 구단주의 기술과 운동장에서 뛰는 선수의 기술은 각자의 역할에 따라 다르다. 여기서 부정할 수 없는 현실은, 선수는 운동장이 있어야 뛸 수 있고 구단주는 선수가 있어야 목적을 이룰 수 있다는 것이다. 각자의 사정은 다르지만 서로가 필요하다. 이 세상에서 혼자 힘으로 뭔가를 완벽하게 이룰 수는 없다. 그러므로 회사와 직장인은 갑, 을의 합체이고 서로에게 반드시 필요한 존재다. 각자 원하는 것을 이기적으로 주장할 때도 있지만, 이런 인식이 널리 퍼지는 것만으로도 노사 관계의 미래는 밝아질 것이다.

# 그래도
# 직장이 좋은
# 여섯 가지 이유

그렇다면 직장은 지옥인가, 천국인가? 정말 지옥처럼 힘들고 고통스럽고 재미없는 곳인가? 로댕이 〈지옥의 문〉에서 묘사한 것처럼 온갖 군상들의 뒤엉킴인가? 부정적인 것만은 아닌 듯싶다. 직장 생활이 힘든 것은 맞지만 우리에게 삼시 세 끼를 먹을 수 있게 하고 꿈을 실현하도록 돕는 고마운 수단이기도 하다. 때로는 지옥이고 가끔은 천국이다. 그동안 직장 생활의 단점 위주로 생각했다면 이번에는 직장의 장점을 살펴볼 차례다.

## 안전지대에서 돈을 번다

직장은 내가 직접 투자하지 않고도 돈을 벌 수 있는 곳이다. 사장은 주로 자기 돈을 투자해서 사업을 시작한다. 전 재산, 심지어 빚까지 내서 사업하는 사람도 많다. 하지만 성공하는 사람보다 빚만 떠안고 실패하는 사람이 더 많다. 퇴직자들이 너도나도 창업하는 바람에 자영업자들 간의 경쟁도 치열해졌다. 그에 비하면 직장인은 회사가 망해도 다른 직장으로 옮길 수 있고 실업 급여라도 받을 수 있다. 편치 않은 휴식이겠지만 잠시나마 안전지대에서 다음을 준비할 수 있으니 사업주보다는 다소 유리하다고 할 수 있다.

### 돈을 받고 일을 배운다

직장은 돈 받고 일을 배울 수 있는 곳이다. 그동안 우리는 학교에 돈을 내면서 공부해 왔다. 누적된 교육비를 따지면 엄청난 수업료를 지불한 셈이다. 그런데 직장은 돈을 받으면서 배울 수 있는 곳이다. 기술이나 전문 지식은 물론이고 사회성, 매너, 태도, 인간관계 등 종합적인 배움이 가능한 곳이다. 일터마다 배울 수 있는 게 다르긴 하지만 대부분 학교에서 배우지 못한 여러 가지 전문 지식과 경험을 쌓을 수 있다.

### 휴일은 쉰다

기본적으로 국가가 노동법으로 쉬도록 강제한 휴일은 쉰다. 그래서 일과 삶의 균형, 워라밸이 가능하다. 나아가 구글, 이스트소프트, 카페24 등의 회사 같은 경우에는 장기 휴가는 물론, 샌드위치 휴일에 연차를 쓸 수 있을 만큼 휴가 제도가 자유롭다. 연휴 사이를 휴가로 공식 지정해 주는 블록 휴일(Block Holiday)도 있다. 카페24는 입사 7년 차 직원에게 한 달간의 재충전 휴가도 준다. 하지만 사장에게는 휴일이 없다. 특히 중소기업이나 자영업 사장들은 휴일에도 사업을 걱정하고 다음 영업일을 준비해야 한다. 몸은 쉴 수 있을지 몰라도 마음은 쉴 수가 없다. 반면 직장인은 휴일에 출근하더라도 추가 수당을 받는 게 기본이다.

### 동료가 있다

직장에는 동료가 있다. 동료끼리 기쁘고 슬픈 일을 함께하면서 끈끈한 유대감을 느낄 수 있고 직장의 사수 제도는 선후배를 이끌어 주는 환경을 만든다. 하지만 사장끼리는 선후배가 없다. 그저 돈을 많이 벌거나 큰 회사 사장이면 형님이다. 이는 CEO 사교 모임에서 한눈에 드러난다. 돈 많고 규모가 큰 사장님 주변에는 사람들이 모여든다. 자존심 때문에 주변을 서성이는 사람도 결국은 가까이 갈 수밖에 없다. 그러려고 모임에 참석했기 때문이다. 사장은 수직 상하 관계만 형성되기 쉬워서 수평적인 의견을 나눌 수 있는 동료나 친구가 거의 없다. 그들은 구조적으로 외로운 사람이다. 돈을 많이 벌수록, 성공 계단에 더 높이 올라갈수록 사장은 더 독립적이고 외톨이가 된다. 하지만 직장인은 고달픔을 나눌 동료가 있다는 점에서 사장의 회사 생활과 다르다.

### 소속이 주는 안정감이 있다

회사는 구속이 주는 소(小)자유를 누릴 수 있는 곳이다. 꽉 끼는 침낭에 들어갈 때 느낄 수 있는 포근함처럼 소속으로 인한 안정감이 있다. 오래전 나는 일본 도쿄를 여행하면서 비좁은 방에 묵은 적이 있다. 작은 침대가 처음에는 너무 불편했지만 어느 순간부터 편안하고 아늑한 느낌을 받았다. 뭔가에 둘러싸인 느낌은 처음에는 '속박'으로 다가오지만 익숙해지면 나만의 보호막으로 느껴져 마음의 평화가 찾아온다. 직장 역시 포근하고 안정적인 행복감을 주는 '보호막'이다. 그게 직장의 매력이다. 소속감은 '안전하다'에서 '편안하다'로 이어진다. 그 편안함은 구속으로부터 오는 소소한 자유다. 그런 의미에서 직장은 전체적으로 보면 '구속'이지만 부분적으로는 '자유'다.

### 아무리 힘들어도 '찻잔 속 태풍'이다

혼히 우리는 직장 생활이 고달프고 힘들다고 토로한다. 하지만 그 고통은 안전이 보장된 고통이다. 아무리 흔들려도 회사라는 '판'은 그대로다. 전부 직장 내부적인 갈등이기 때문이다. 간혹 외부적인 갈등으로 이어져도 대부분은 내부에서 해결된다. 태풍이 불어닥쳐도, 설령 쓰나미가 오더라도 이는 찻잔 속 태풍일 뿐이다. 그래서 직장인의 위험은 번지 점프처럼 최소한의 목숨 줄은 보장된 위험이다. 반면 사장의 위험은 내부, 외부의 온갖 것들이 복합된 문제다. 심각하면 '판'이 통째로 뒤집힐 수 있다. 최악의 경우 숨통이 끊어질 수도 있고 저잣거리로 내동댕이쳐질 수도 있다.

정리하면, 직장은 울타리가 있는 '불편한 천국'이지만, 바깥세상은 '자유로운 지옥'이다. 그 울타리는 안에서 보면 '속박'이지만 밖에서 보면 '보호막'이다. 요즘은 공공 기관, 공기업, 비영리 단체, 대기업, 중소기업, 스타트업 등 조직의 종류나 경우의 수가 워낙 많아 어느 쪽이 더 천국이고 지옥인지 그 이름만 보고 단정 지을 수는 없다. 그 잣대는 본인이 주관적으로 느끼는 내면의 구속과 자율이 돼야 할 것이다.

# 직업의 본질을
생각하라

시간이 갈수록 취업이 어려워진다. 사람들이 찬밥 더운밥 가리지 않고 이력서를 던지는 시대가 됐다. 당장 먹고살기가 급급하니 직업을 그저 돈을 모으는 생활의 수단으로만 생각하는 것이다. 대학교 홍보 광고물에도 '취업률 100%'라는 문구가 흔히 등장한다. 그런데 아무도 어떤 회사에서 어떤 일을 할 것인지는 묻지 않는다. 질보다는 양을 강조하는 세태가 반영된 것이다.

이렇듯 현실이 아무리 목구멍이 포도청이라지만 이렇게 함부로 몸을 던져도 되는 걸까? 직업이라는 게 그 직종에 한번 발을 내디디면 빠져나오기 힘든 속성이 있다. 그렇다면 취직에 앞서 몇 가지 고려 사항은 체크하는 게 좋지 않을까?

# 직업마다 역할이 있다

"직업에는 귀천이 없다."

민주주의와 평등 관념에서 출발한 이 말은 의사든, 법률가든, 성직자든, 정부 관료든 특정 직업의 우월함을 내세우지 않고 각 직업의 역할과 전통을 인정한다. 하지만 요즘은 가진 게 없는 사람들에게 위로 삼아 던지는 말이 됐다. 나는 살면서 이 말이 점차 현실과 멀어지고 있다는 걸 깨달았다. 모든 직업에 저마다의 가치가 있겠지만 한편으로는 귀천도 있고 품질도 있다. 직업을 평가할 때 자부심이나 정체성이 아니라 돈이나 명예 같은 외형과 힘에 더 비중을 두기 때문일 것이다. 그래서 사람들은 어릴 적부터 강도 높은 교육을 받으면서 보다 편하고, 폼 나고, 돈을 많이 버는 직업을 갖기 위해 피나는 노력을 한다.

직업에는 주업(主, Main)과 종업(從, Sub)이 있다. 주업은 일의 기둥이다. 종업은 주업이 존재하거나 작동해야만 가치를 발하는 직업이다. 골퍼와 캐디, 마라토너와 페이스메이커, 교수와 조교, 국회의원과 보좌관, 대통령과 비서, 가수와 백댄서 등을 생각해 보자. 여기서 후자는 전자의 보조자다. 예를 들어 대통령 비서실장이 장관급의 직위라 해도 업의 본질은 보좌하는 종업이다. 독자적으로 결정하거나 추진할 수 없다. 하지만 시골의 구멍가게 사장은 아무리 규모가 작아도 주업의 주인공이다. 문 닫고 싶으면 닫고 열고 싶으면 연다. 국회의원, 판검사가 직업으로 인기가 좋은 이유 중 하나는 공인이면서 독립적인 역할을 할 수 있기 때문이다. 공무원은 아무리 고위 공직자라도 누군가의 지시를 받는 종속적인 역할이다. 하지만 국회의원, 판검사는 개개인이 독립된 헌법 기관으로서 누구의 구속도 받지 않고 자유롭게 결정을 내릴 수 있다.

## 생계 수단 이상의 목적을 찾아라

　모든 직업, 일의 성취에는 과정이 있고 정점이 있다. 그리고 대개 정점에서 '나는 무엇인가?'라는 질문과 마주하게 된다. 특히 종업은 그때 정체성 갈등을 겪는다. 만약 업의 정점에서 직업에 대한 정체성과 미래가 보이지 않는다면 그 업의 본질을 진지하게 생각해 봐야 한다. 단지 생계 수단이나 성공 사다리 정도로 생각한다면 모르겠지만, 그 일이 당신의 인생에 그 이상의 가치를 부여하기를 바란다면 필히 고민해야 할 주제다.

　예컨대 사병으로 출발하면 병장이 정점이 되고, 장교로 출발하면 장군이 정점이 된다. 간호사로 출발하면 정점이 수간호사지만, 의사라면 병원장이나 교수가 될 것이다. 이것이 바로 취업이 용이하다고 함부로 유망 직종을 덥석 물지 말아야 하는 이유다. 직업에는 귀천도 있고, 상하도 있고, 임계점도 있다.

오스카상 삼관왕을 차지한 영화 〈블랙 팬서〉의 주인공 채드윅 보스만이 지난 2020년 8월 28일에 43세의 나이로 삶을 마감했다. 보스만은 2016년에 대장암 3기 진단을 받았고 투병 중에도 〈블랙 팬서〉를 촬영하며 열정을 불태웠다. 기존 백인 중심의 할리우드의 한계를 깨고 복합적이고 진취적인 흑인 배우로 사랑받은 보스만은 2018년 모교 하워드대학교의 졸업 축사에서 이렇게 말했다.

"직업이나 경력보다 목적을 찾아라. 목적은 훈련과 교차한다. 목적은 당신의 필수적인 요소다. 그것이 역사적으로 이 특정한 시간에 당신이 이 행성에 존재하는 이유다. 고난은 목적에 맞게 당신을 빚는 과정일 뿐이다."

직업은 단순히 돈의 크기, 돈을 모으는 수단을 넘어 인생의 목적을 생각하며 복합적으로 바라봐야 한다. 일을 시작하기 전에 그 일의 본질을 보라는 뜻이다. 스스로에게 질문을 던져 보자. 당신의 현재 직업 혹은 당신이 바라는 직업은 주업인가 종업인가? 직업의 정점은 어디고 언제쯤 도달할 수 있을까? 이 직업의 한계는 무엇이고 정점에서 어떤 갈등과 마주하게 될 것인가?

# 화려한 명함에
# 혹하지 마라

모든 일에는 밝은 면과 어두운 면이 공존한다. 그런데 처음부터 희노애락이 명확한 직업이 있다. 일 자체에서 주를 이루는 감정이나 분위기가 지속적으로 존재하는 직업이다. 먼저 남이 잘되는 일, 기쁜 일, 즐거움으로 돈을 버는 직업이다. 웨딩홀이나 돌잔치, 이벤트 관련 직종이나 가수, 코미디언 등이다. 반대로 힘든 상황을 다루는 장의사, 이혼 전문 변호사, 수사 담당 경찰, 심리 상담사, 의사, 폐기물 처리 기사 등의 직업도 있다. 후자의 직업들은 남이 힘들수록 돈을 벌기 때문에 봉사 정신, 책임감, 직업에 대한 확고한 정체성과 의식이 부족하면 돈의 유혹에 빠지기 쉽고 사회적 지탄의 대상이 되기 쉽다.

같은 회사, 같은 업종에 있으면서도 정반대의 업무를 담당하는 경우도 있다. 예컨대 보험 회사에서 고객의 보험금 청구를 돕는 담당자와 보험금을 심사하는 담당자는 입장이 반대다. 전자는 고객이 보험금을 잘 받을 수 있도록 노력하지만 후자는 고객의 청구 금액을 의심하고 액수를 줄이려고 노력한다. 은행도 마찬가지로 대출 영업자와 대출 심사 역은 정반대의 입장으로 고객을 대한다. 거시적으로 보면 '병 주고 약 주는' 비즈니스의 두 얼굴이다.

직업을 희노애락으로 규정하기 힘든 부분도 분명 존재한다. 다만 일을 시작하기 전에 직업에 대한 시각을 넓히는 차원에서 살펴보면 좋겠다. 겉보기에 화려하고 그럴싸한 직업에 혹하지 말고 그 직업의 본질을 아는 것이 중요하다.

## 진짜 직급인가, 허울만 좋은 완장인가

지점장, 실장, 매니저, 이사, ~스트 등은 명함만 보면 멋진 일을 하는 것처럼 보인다. 요즘 신종 직업 중에는 이렇게 듣기 좋은 단어로 직업명을 바꾸거나 허드렛일에 불과한 단순 잡일을 자격증으로 위장하거나 알아듣기 힘든 외국어로 교묘히 포장하는 것들이 여럿 있다. 이름은 화려한데 실제로 하는 일은 가게를 보거나 운전을 하거나 단순 서빙일 뿐이다. 이런 허울 좋은 이름에 속아 인생의 중요한 선택에서 큰 오류를 범하는 이들이 있다. 갓 졸업한 사회 초년생, 취업 준비생이다. 과한 은유와 말의 성찬에 현혹돼서 직업의 본질을 보지 못하면 평생 고생한다.

또 하나는 거느리는 직원도 없는데 과장, 부장, 실장 등의 직급을 '완장'으로 이용해 눈을 멀게 하는 경우다. 과장의 원뜻은 'ㅇㅇ과'의 장(長)으로, 책임자라는 의미다. 조직원이 존재하기 때문에 장을 붙인다. 하지만 요즘은 이런 완장이 승진이나 연봉과 관계없이 사장이 던져 주는 허울에 불과하다. 실속 있는 보직에 완장을 더한다면 금상첨화겠지만 실속 없이 완장만 차고 으스대거나 잘못 판단하는 일은 없어야 한다. 특히 사회 초년생이나 승진 욕구가 강한 중간 간부들이 조심해야 할 대목이다.

예나 지금이나 회사라는 조직이 하는 일은 크게 변함이 없고 직원이 하는 일도 정해져 있다. 다만, 시대가 변했다. 직원의 자존심을 세워 주기 위해 과도하게 직함을 높이거나 미화하는 일이 있기 때문에 이런 눈속임을 가려볼 안목이 필요해졌다.

## 목표를 위해 수단을 견디는 사람들

세상이 말하는 '좋은 회사'는 내가 좋아하는 일을 하는 곳이 아니라 급여, 복지 등이 좋은 회사다. 가장 이상적인 직장 생활은 이런 '좋은 회사'에서 내가 좋아하는 일을 잘하는 것이다. 하지만 그런 이상적인 일자리는 거의 없다. 좋아하는 일을 해도 복지나 급여가 마음에 들지 않을 수 있고, 이런 조건이 마음에 들어도 내가 원하지 않는 일을 할 수 있다. 이것이 직장인의 가장 큰 딜레마다.

당신은 좋아하는 일을 할 것인가? 잘하는 일을 할 것인가? 아니면 '좋은 회사'를 택할 것인가? 많은 사람이 '좋은 회사'를 택한다. 현실적으로 돈과 남들의 시선을 생각하지 않을 수 없기 때문이다. 이는 수단이 목표를 가리는 선택이다. 사람들은 일만큼이나 시간적 여유와 자유도 원한다. 그래서 직업을 선택할 때 자신이 누릴 수 있는 자유의 폭을 따진다. 당연히 좋아하는 일, 하고 싶은 일을 하는 게 맞지만 월급이 너무 적거나 개인의 가치관과 맞지 않다면 현실적인 대안을 찾아야 한다. 그게 장기적으로 당신이 좋아하는 일을 할 수 있는 방법이다.

사람들은 자기가 잘하는 일을 하면서 좋아하는 일을 추구하고자 한다. 즉, 직업은 돈벌이 수단으로만 선택한다. 시간에 얽매이지 않는 일을 하면서 번 돈으로 진짜 내가 하고 싶은 일을 하는 것이다. 예컨대 전업 작가가 되고 싶지만 원고료 수입만으로는 생활비가 충당되지 않는 경우에 '생계형 직업'을 갖는다. 좋아하는 일이 아니라, 잘하는 일이나 짧은 시간에 돈을 벌 수 있는 아르바이트를 택하는 것이다.

독일의 철학자 이마누엘 칸트도 생활비를 벌기 위해 15년 동안이나 강사 생활을 했다. 생계형 강사답게 재치 있고 요약도 잘해서 마을 주민은 물론이고 다른 도시에서 학생들이 찾아올 정도로 인기 있었다고 한다. 먹고살기 위해 인기 있는 프로 강사로 강단에 섰지만 그가 정말 하고 싶었던 것은 오직 하나, 철학 공부였다.

# 당신은 어떤 근육을 가졌는가?

올림픽에서는 선수의 근육 색깔이 메달을 결정한다고 한다. 우리 몸에는 백색 근육과 적색 근육이 있다. 백색 근육은 빠르고 강한 수축력을 갖고 있어 단거리 육상, 창던지기, 투포환, 역도 선수들에게 발달됐다. 짧은 시간에 폭발적인 힘을 낼 수 있지만 쉽게 피로해진다. 반면, 적색 근육은 운동 속도는 더 느리지만 지구력을 요구하는 장거리, 마라톤, 사이클 선수들에게 발달된 근육이다.

나는 어떤 근육이 발달했을까? 어떤 일이든 시작하면 몰입도는 엄청나지만 며칠 뒤 금방 흐지부지되는 용두사미 타입인가? 그렇다면 당신은 백색 근육 스타일이다. 이런 스타일은 시험이나 책 읽기, 연애도 벼락치기로 하는 경향이 있다. 반대로 적색 근육 스타일은 책 읽는 속도는 느리지만 꾸준히 끝까지 읽는다.

우리는 일할 때도 이런 자신의 근육을 감안해야 한다. 백색 근육 스타일은 쉬면서 힘을 아꼈다가 가장 좋아하는 타이밍에 집중적으로 일하고, 적색 근육 스타일은 장기적인 계획을 세워서 일을 추진하면 효율적이다. 물론 그 중간 스타일도 있을 것이다. 세상에는 많은 종류의 직업이 있고 직업마다 성격과 본질이 다르다. 그래서 직업에 따라 전략을 다르게 짜야 그 업에서 성공을 거둘 수 있다. 예컨대 영업이나 마케팅 직종 종사자라면 사람들을 많이 만나고 같이 식사도 하면서 세상의 흐름을 읽고 시대 감각을 잃지 않아야 성공할 수 있다. 그러려면 성격이 비교적 활달해야 한다. 반면 연구자는 지식의 축적과 연구가 업의 본질이므로 차분하고 논리적인 성격이 어울린다.

백색 근육 스타일이든 적색 근육 스타일이든 좋다, 나쁘다고 평가할 수는 없다. 다만, 내 스타일과 행동 패턴을 파악해서 그에 맞게 일하고 힘과 페이스를 조절한다면 무슨 일을 하든 효과적으로 성과를 얻을 것이다.

## 노력 대비 효율적인 직업인가?

현재 당신의 보직을 유지하거나 앞으로 전진하는 데 어느 정도의 힘이 필요한가? 1년 후, 3년 후에도 지금과 같은 열정과 노력이 필요하다면? 통상 어떤 일이든 어느 정도 숙련 단계에 이르면 큰 힘을 들이지 않아도 그

직을 유지할 수 있다. 통상 짧게는 1년, 길면 5년 정도다. 그런데 평생 일관되게 처음과 똑같은 노력을 들여야 한다면 갈수록 지치고 짜증 나고 효율도 떨어진다. 사람은 반복을 싫어하고 시간이 흐르면서 편해지고 싶고 게을러지기 때문이다. 직업을 선택할 때 이런 속성을 미리 염두에 둬야 한다. 노력 대비 얻는 결과치의 효율을 따져 보라는 것이다.

내가 첫 직업인 컴퓨터 프로그래머를 그만둔 것도 이런 이유 때문이었다. 당시 미래 유망 직종이었고, 그 방면 기술자로서는 나름 좋은 직장을 다니며 최고 등급을 유지했으니 자부심도 상당했다. 하지만 나는 내 미래가 장밋빛으로 보이지 않았다. 유망 직종은 맞지만 시대가 변하고 기술이 발전함에 따라 새롭게 공부해야만 뒤처지지 않는 직업이라는 점에서 회의적이었던 것이다. 한마디로 실력을 유지하는 노력이 성공 속도에 비해 과도하다고 느껴졌다. 이 정도 노력이라면 장기적으로 다른 곳에 열정을 쏟는 게 더 효과적이라 판단했다.

결국 유망 기술인의 길을 접고 경영인의 길로 전환했다. 세월이 흐른 지금, 나의 판단이 옳았다고 주장하려는 건 아니다. 다만, 현재의 자기 위치와 상황에서 노력과 미래 비전을 따져 보며 어떤 길이 효율적일지를 잘 판단하라는 뜻이다.

# 직장에서
# 나의 미래 위치를
# 예측하라

사람은 누구나 본능적으로 자기가 소속된 회사에서 자기 미래 위치를 가늠한다. 이를 '경력 개발 경로'라고 한다. 언제쯤 어디까지 도달할 것인가를 가늠해 보는 로드맵이다. 현실적이든 허무맹랑한 상상이든 이런 생각은 직장인으로서 당연히 갖는 희망 본능이다. 그렇다면 내 미래 위치는 어떻게 알 수 있을까?

첫 번째, 내가 다니는 회사에서 높은 자리에 있는 분들이 승진하는 양상을 관심 있게 보면 금방 알 수 있다. 그들의 지금이 나의 미래인 것이다. 딱 떨어지지는 않겠지만 대강의 그림은 그릴 수 있을 것이다.

두 번째, 기업의 인사 성향을 본다. 회사의 오너가 선호하는 조직 인사의 방향성이다. 지금은 많이 달라졌지만 과거 삼성, 해태, 삼양 그룹 등에서는 사람을 뽑을 때 지역의 색깔을 특정하는 바람에 특정 지역의 인재만

득세한 적이 있었다. 이는 기업이 본능적으로 망하지 않으려고 핵심 인재를 포진해서 방어적으로 경영하다 보니 생긴 인사 경향이다.

대기업이나 공기업은 시스템이나 제도에 의존하면 충분히 조직을 보호할 수 있다. 하지만 작은 조직일수록 시스템보다 사람 의존도가 높기 때문에 혈연, 지연, 학연 등의 틀을 벗어나기 어렵다. 요즘 많이 이야기하는 '공정'의 잣대만으로는 함부로 단정할 수 없는 생존적인 현실이 있는 것이다.

이런 기업의 본능을 이해한다면 해당 기업의 특성을 전략적으로 이용할 필요가 있다. 두 가지 중 하나다. 나와 동질성이 별로 없거나 융합 가능성이 희박하면 가능한 빨리 소속을 벗어나야 하고, 가능성이 있다면 적극적으로 어울리거나 시간을 보내는 것이다. 사람 사는 세상은 크든 작든 끼리끼리 문화가 있을 수밖에 없다. 그 혜택을 받으면 좋은 일이지만 잘 어울리지 못할 때 오는 소외감은 학창 시절의 왕따 그 이상일 것이다. 인간 사회에서 완벽한 논리나 이성만으로 구성된 조직은 존재하기 힘들다.

내가 증권사에서 일할 때 내 직업의 정점은 전산 실장, 기술 이사라고 판단했다. 더구나 당시 우리 회사는 사장부터 임원까지 모두 특정 지역, 고등학교, 대학교를 나왔다. 출세의 경로가 명확한 사람들 사이에서 나는 승진과 미래가 불투명했고, 이 점이 퇴직 욕구를 빠르게 자극했다. 윗사람들과 출신도 달랐고 전공도 기술직이었던 나는 회사를 그만두고 창업을 선택했다. 선택이라기보다 희망이 사라진 거대한 성에서 탈출한 것이다.

# 직업의 가치를 정의하라

〈극한 직업〉이라는 TV 프로그램은 고된 삶을 살아가는 사람들의 이야기다. 막노동 일당이 10만 원이라면 고층 유리창 닦기는 30만 원 정도다. 여기에는 위험 수당, 기피 수당이 포함된다. 이런 노동은 정말 성실한 사람들의 교과서적인 이야기다. 많은 사람이 이런 직업군에 몰려 있는 이유는 무엇일까? 나름의 삶의 가치관 때문일 수도 있지만 대부분은 딱히 기술이 없어서, 아무 때나 일할 수 있으니까 등의 이유를 가진 배고프고 약한 자들의 선택일 것이다.

진짜 돈벌이만을 위해서라면 일은 세상 곳곳에 널려 있다. 또한 쉽고 빠르게 돈을 벌기 위해 살다 보면 많은 유혹과 지뢰밭을 지나게 된다. 불법, 탈법, 범죄에 관련된 일들이다. 한 번만 눈 감으면 나의 보직이 안전하게 유지되고, 좀 더 적극적으로 개입하면 보상이 돌아오는 등 많은 유혹이 도사리고 있는 곳이 사회다.


직업은 한번 발을 잘못 들이면 평생 고생하거나 빠져나오지 못하는 고통의 굴레가 된다. 구태여 거창하게 정의하지 않더라도 직업에 대한 '가치'는 꼭 한 번 생각해 봐야 한다. 돈 많이 주는 직업에는 이유가 있다. 아주 전문적인 일, 위험한 일, 불법적인 일, 나의 가치관이 손상되는 일, 부끄러운 일, 육체적으로 고된 일, 감정을 소모하는 일 중 하나에 해당할 것이다.

돈은 정직하고 이 세상에 공짜는 없다. 큰돈을 빨리 벌려면 남다른 노력을 하거나, 크게 희생해야 한다. 그렇다면 돈 버는 속도에 치중할 것인가? 아니면 좀 더디더라도 천천히 삶을 음미하면서 살 것인가? 화끈하게 일하고 잠시 쉬다가 다시 일하는 프로젝트성 직업을 택할 것인가? 꾸준한 성실을 요구하고 지속적으로 성취하는 직업을 택할 것인가? 결과를 중시할 것인가, 과정을 중시할 것인가, 삶의 가치를 우선할 것인가? 각자의 DNA와 스타일의 문제다. 하지만 변하지 않는 진리는 있다. 속도가 빠르면 활기는 넘치지만 넘어질 위험이 있고, 속도가 느리면 삶을 음미할 수는 있겠지만 생동감이 떨어진다.

# 왜
# 출근하는가?

　직장인에게 출근은 거의 습관이다. 처음에는 내가 선택한 직장이었지만 시간이 흐르면서 마치 회사가 나를 선택한 것처럼 산다. 용수철처럼 벌떡 일어나 불려 가듯이 출근하는 하루가 이틀이 되고 한 달, 두 달이 어느덧 이십 년 삼십 년이 돼 나중에는 습관으로 자리 잡는다. 그러는 사이 매달 통장으로 입금되는 봉급은 없어서는 안 될 파이프라인이 된다.

　처음에는 정해진 시간 동안 느슨하게 일하는 선택적 관계로 시작한다. 시간이 흘러 회사가 생활 패턴으로 자리 잡히면 봉급 없이 살 수 없는 필수적 관계로 변한다. 그러면 정해진 시간에 자동적으로 반응하는 용수철 노예가 되는 것이다. 숙취로 몸이 천근만근이어도 아침이 되면 누군가 줄로 잡아당기듯 일어나 전철을 타고 회사로 향한다. 이쯤 되면 지옥이 따로 없다. 입사 초기에는 이직의 길을 열어 두거나 다른 일을 할 가능성을 생각하며 여유롭게 살지만, 얼마 지나지 않아 지금 회사에 100% 올인하고 목을 매는 단계에 이른다. 어쩔 수 없는 충성이다. 이처럼 일상에서 조금만 긴장의 끈을 늦추거나 매일 생각 없이 출근하다 보면 의지는 사라지고 습관만 남는다. 급기야 며칠 쉬거나 장기 휴가라도 가게 되면 왠지 모르게 불안하고 초조해지기까지 한다. 쇠바퀴 소음 가득한 전철에서 졸다가 갑자기 기차가 멈추고 조용해질 때 오히려 잠에서 깨는 것과 같은 이치다.

당신은 왜 출근하고 있는가? 그것은 자발적인가? 어쩔 수 없이 끌려왔는가? 가족에 대한 책임감 때문인가? 오직 돈 때문인가? 회사를 차리거나 프리랜서로 독립하는 게 두려워서인가? 이것도 저것도 아니라면 무엇이 당신을 지금, 여기, 이 직장, 이 자리로 인도하고 있는가? 왜 출근하는지에 대해 경제적, 철학적, 사회적, 종교적으로 접근하며 자신을 좀 더 깊이 돌아볼 필요가 있다.

## 자발적으로 노예가 되는 사람들

직장인이 아무리 회사의 노예가 아니라고 말해도, 자발적인 의지의 근로자라 부르짖어도 봉급을 주고받는 구조적 본질은 변하지 않는다. 노예라는 단어는 사라졌지만 노예 구조는 여전히 존재한다. 인간의 지배 욕망이 거세되지 않는 이상 지배와 피지배는 시대를 막론하고 어떤 형태로든 존재해 왔고 앞으로도 존재할 것이다. 그나마 전문성이 크게 필요하지 않은 직장은 좀 더 자발적이고 느슨한 구속을 받을 것이다. 하지만 자유가 커진 만큼 먹이는 줄어든다.

아리스토텔레스가 말한 것처럼 돈과 화려함을 좇는 삶은 노예와 다름없다. 향락과 명예같이 외부에서 주어지는 자극에 충실하다 보면 수동적으로 끌려가는 삶이 되고 타인에게 의존할 수밖에 없다. 이것은 역사에서 계속 나타났고 현재도 진행형이다. 앞으로도 업의 형태나 본질이 쉽게 바뀌지 않을 것이다. 모든 일이 그렇듯이 처음에는 일 자체를 가장 중요하게 바라보지만, 회사의 이익이 커지다 보면 관리가 필요해지고 내부 결속을 강화하기 위해 폐쇄화, 조직화되고 계급이 생긴다. 그러면 자연스럽게 개인의 구속은 강화되고 자유는 점점 줄어든다. 더 많은 돈과 명예, 성공과 향락을 위해 기꺼이 자유를 내주는 일이 발생하는 것이다.

결국 직장에 다닌다는 것은 돈을 비롯한 욕망과 자유 추구의 마음이 함께 들어 있는 풍선 속에서, 어느 것의 비중을 더할지 선택하는 갈등 과정이다. 본질적으로 출근이란 스스로 자유를 포기하는 자발적 구속이다. 돈을 위해, 소소한 행복과 안정을 위해, 또 다른 욕망을 위해 자유를 포기하는 자발적 선택이다.

# 당신의 직장 생활이
## 우울한 이유

적응할 것인가, 벗어날 것인가? 직장인이라면 한두 번쯤, 아니 항상 머릿속을 맴도는 갈등이다. 여기 달걀 속과 달걀 밖이라는 두 세계가 있다. 달걀 껍데기 속에서는 아무리 발버둥 쳐도 달걀 속이다. 달걀 밖 세계를 보려면 달걀을 깨려는 궁리와 상상을 해야 한다. 이 지긋지긋하고 평생 끝나지 않을 것 같은 조직 생활을 벗어나는 길에 대한 상상이다. 물론 달걀 속 세계가 편안하다면 굳이 발버둥 칠 필요는 없다. 하지만 편안하지 않은 직장인들에게는 이런 불편한 달걀을 깰 것이냐 말 것이냐가 숙명적인 고민거리다.

조선 시대에서 노예 신분을 벗어나는 방법은 세 가지 정도였다. 첫 번째는 세상이 바뀌면서 노예 제도가 사라지는 것이다. 두 번째는 주인집에서

도망가는 것이다. 세 번째는 엄청난 충성과 노력으로 그 집의 2인자가 되거나 보상으로 노예 신분을 면하는 것이다. 이 방법을 현대적으로 재해석해 보자. 첫 번째는 법률 제정 등으로 근로 조건과 근로자의 위상이 바뀌는 것이다. 두 번째는 이직으로 해석할 수 있는데 이는 능력과 용기가 있어야 가능하다. 세 번째는 오너에게 인정받아 2인자 또는 전문 경영인, 자회사 CEO로 등극하는 경우이며 이 또한 엄청난 노력이 필요하다.

직장인이 조직을 벗어난다는 것은 '독립'일 수도 있고 '고난의 시작'일 수도 있다. 직원에서 사장이 된다는 것은 전문직(하나의 기능)에서 경영직(포괄적기능)으로 전환하는 것이다. 엄밀히 말하면 직군이 다르고 책임 범위와 리스크가 전혀 다른 일이다.


그렇다면 대부분의 직장인은 지금 속한 조직에 잘 적응하고 성과를 내는 것만이 내가 살 길이고, 나의 성공이고, 나의 행복을 추구하는 방법이다. 가능한 선택지 안에서 내가 가장 잘할 수 있는 방법을 고르는 것이 현명한 직장인의 길이다. 직장 생활과 분리된 자기만의 온전한 행복을 추구하고 싶은가? 그렇지만 직장이 차지하는 시간적, 공간적인 비중이 너무 크다. 직장에서 느낀 행복과 불행, 재미와 슬픔이 인생과 직결된다. 그래서 직장에서 재미를 느껴야 한다.

'직장인 정신'을 갖도록 노력해야 한다. 습관적 출근이 아니라 전략적 출근이 돼야 한다. 나아가 내가 몸담은 회사의 상사, 임원, 사장의 생각과 나의 삶이 연결됐다고 인식하며 움직여야 한다. 그러면 지금까지 괴롭고 우울하고 단조롭기만 했던 직장 생활이 조금은 재미있어지지 않을까?

## 아무것도 하지 않으면 아무 일도 생기지 않는다

흔히 전략을 머릿속으로만 생각하는 것으로 알고 있다. 하지만 전략은 실천할 때 성과를 낼 수 있고, 지속적인 노력이 있어야 결실을 본다. 특히 가진 게 별로 없는 사람은 당연히 노력해야 한다. 기득권자라고 다를까? 이미 좋은 성과를 거두고 만족할 만한 직급에 올랐다면 가만히 있어도 그 자리가 유지될까?

내가 보기에 반드시 그런 것은 아닌 듯하다. 우리 인생은 호수에 떠 있는 오리 보트와 같다. 오리 보트는 페달을 밟지 않으면 바람이 부는 대로 떠다닌다. 가만히 있으면 내가 짐작조차 못 했던 곳에 도착하기도 한다. 그래서 당신이 어떤 직장 생활을 하고 있든지 일단 '페달'은 밟아야 한다고 생각한다. 사는 게 꼭 원하는 대로 흘러갈 수는 없겠지만, 내가 가려는 방향으로 노를 젓다 보면 목적지 근처에 다다를 수는 있을 것이다. 그래서 의도된 노력이 필요하다.

인간은 항상 지금보다 더 나은 미래를 꿈꾸는 존재다. 그래서 행운을 꿈꾼다. 이때 행운을 위해 열심히 노력하는 부류가 있고, 아무것도 하지 않고 기다리는 부류가 있다. 아무것도 하지 않으면 아무 일도 생기지 않는다. 평범한 사람은 꿈만 야무지게 꾸지만 비범한 사람은 꿈을 위해 행동한다. 100억 원 복권 당첨의 꿈만 꾼들 무슨 소용이 있겠는가? 복권을 사야 당첨의 '가능성'이 생기지 않는가.

《더 해빙》에서 이서윤 작가는 "행운은 우리의 노력에 곱셈이 되는 것이지 덧셈이 되는 것은 아니다"라고 말했다. 만약 행운이 덧셈 공식이라면 노력이 0이라도 행운이 올 수 있지만 행운은 곱하기다. 나의 노력이 0이면 거기에 아무리 행운을 곱해도 결과는 0이다. 그래서 우리는 부단히 노력해야 한다. 아인슈타인의 특수 상대성 이론에 따르면 에너지는 움직임으로써 나온다. 세상 만물이 그렇듯 사람도 움직여야 힘이 생기는 것이다.

기회를 봐서 움직인다는 말은 게으른 자들의 변명이다. 그런 건 엄청난 고수의 행동 방식이다. 고수는 힘을 축적하고 있다가 힘이 필요할 때만 사용한다. 하지만 우리들 대부분은 고수가 아니다. 언제 힘을 써야 할지 모르는 중수나 하수다. 그러므로 부지런히 움직이는 것이 상책이다. 이리도 뛰고 저리도 뛰면서 주위를 살펴보는 것이다. 그러다 보면 먹잇감도 발견하고 인맥도 형성된다.

손에 닿는 일은 무엇이든 힘을 다해야 한다. 어떤 것이 성공할지, 이것일지 저것일지, 혹은 둘 다 잘될지 우리는 알 수 없기 때문이다. 그래서 지금 나는 쓰고 있고, 여러분은 읽고 있는 것이다. 행운은 노력의 덤이다.

# 직원과 사장의
# 다름을 인정한다

　직장인과 사장은 비즈니스를 보는 관점이 다르다. 같은 직장에서 같이 일하니 당연히 일심동체(一心同體)가 되면 좋겠지만 서로 출발점이 다르고 하는 일이 다르다 보니 직장인과 사장은 이심이체(二心二體)다. 몸도 다르고 마음도 다르다.

　사장에게 회사는 자기 명줄이다. 회사가 망하면 자기 인생도 망하는 것이다. 특히 자영업 사장의 경우는 절박함 그 자체다. 하지만 직장인에게 회사는 그냥 일터이자 생활 수단이고 가끔은 놀이터다. 그러니 사장에 비해 절박함이나 긴장감은 아무래도 차이가 날 수 밖에 없다. 이런 태생적인 생각 구조의 차이를 화합이니 혼연일체니 하는 말로 꿰맞추려는 노력보다는, 차라리 서로의 다름을 인정하고 차선책을 모색하는 게 현실적이라고 생각한다.

# 사장 마음속을 꼭 알아야 할까?

직장에 들어가면 회사에서 제일 높은 사람이 사장이다. 최종 인사권자면서 나를 평가하고 월급을 주는 보스다. 여기에서 '보스'란 당신의 조직 또는 회사에서 당신을 평가하고 업무를 지시하는 사람이다. 나보다 직급이 높다면 사장 외에 대리, 과장, 부장, 이사도 당신의 보스다.

취업 포털 잡코리아에서 직장인 604명을 대상으로 대한민국 기업 문화에 대한 설문 조사를 실시했다. 가장 큰 영향을 미치는 조직 구성원은 CEO가 37.9%로 가장 높았고, 다음으로 팀장, 파트장 등 업무 책임자 37.3%, 임원 13.4%, 직원 7.8%, 주주 2.6% 순이었다. 영향을 많이 미치는 만큼 사장, 책임자, 직속 상사에 대해 하나라도 더 알고, 연구하고, 가깝게 지내면서 그들과 일하기 위한 전략이 필요하다는 결론에 도달한다.

당신은 사장이 평소에 뭘 생각하고 지금 당신을 어떻게 바라보고 있는지 생각해 본 적 있는가? 아마도 신입이나 직급이 낮은 사람이라면 대부분 신경 쓰지 못했을 것이다. 당장 바로 위 선임과 부딪히는 것도 힘든데 사장까지 생각할 겨를이 없었을 테니 말이다. 하지만 시야를 조금만 넓혀 보자. 사장은 당신의 직장 생활에서 절대 빼놓을 수 없는 사람이다. 특히 중소기업에서 더 큰 영향력을 가졌다. 극단적으로 이야기하면 당신을 사원에서 과장으로 만들 수 있는 사람도 사장이고, 연봉을 4,000만 원에서 8,000만 원으로 파격 인상해 줄 수 있는 사람도 사장이다.

반대로, 보스에 대해 아무런 생각도, 정보도, 전략도 없다? '회사야 그냥 다니면 되는 거지 무슨 전략?'이라고 생각하는 사람도 있을 것이다. 취직을 위해 주야장천 달려왔고 묵묵히 주어진 일만 열심히 해 온 당신에게 사장의 속을 알아야 한다고 말하니 당황스러울지도 모르겠다. 사람들은 친한 친구에 대해서는 주량, 성격, 취미, 가족 관계, 인생관 등 여러 가지를 잘 알고 있다. 그런데 정작 회사 사람들에 대해서는 아는 게 없다. 친구는 당신에게 마음의 위안을 주지만 사장이나 상사는 당신의 밥줄이다. 그러므로 내가 다니는 회사의 책임자에게 관심을 가질 필요가 있다. 직장에서 사장, 상사를 안다는 것은 지피지기 백전불태(知彼知己 百戰不殆) 전략의 첫걸음이기 때문이다. 누군가는 이렇게 반박할 것이다.

"저는 말단이고 사장님은 까마득 높은 분이라 제 이름도 모르고 관심도 없으실 거예요. 저랑 관련도 별로 없는 거 같아요."
"그런 거 신경 쓰면 너무 피곤해요. 저는 진급이나 성공에 관심 없어요."
"일로 승부할래요. 일만 열심히 하면 되지 왜 그런 걸 신경 써요?"

이 또한 맞는 말이다. 그런데 생각해 보면 일부러 적극적일 필요는 없지만 그렇다고 부정적인 이미지를 굳이 만들 필요도 없다. 억울하게도 직장의 인사 평판에서는 항상 엉뚱하게 불똥을 맞을 확률이 존재한다. 만약 당신이 없는 회의나 사담 자리에서 당신의 이야기가 안 좋게 거론된다면 어떨까. 그 결과 불리한 평가를 받고 보직 이동이나 연봉 삭감을 당한다면? 직장에서는 결정적인 순간에 바람막이가 돼 줄 내 편이 필요할 수도 있고, 최소한 나를 안 좋게 이야기할 상사가 없는 게 좋다. 회사에서 안테나는 높을수록 좋다. 상사에 대해 많이 알수록 향후 나의 직장 생활에 여러 도움이 될 것이다.

# 진정으로
# 원하는 것을 찾아라

당신은 자기가 진정으로 원하는 삶이 무엇인지 생각해 봤는가? 지겹고 힘든 직장 생활을 하면서도 진짜 자기가 원하는 모습은 무엇인지, 어떻게 살아야 잘 사는 건지, 가치 있는 삶은 무엇인지에 대한 고민 말이다. 실제로 삶의 가치를 발견했다고 전부 현실이 되는 것은 아니다. 매일을 쳇바퀴 돌 듯 살다 보면 꿈과 이상이 무뎌진다. 그래도 가치를 안다는 것만으로도 충분히 의미가 있다.

내가 생각하는 인생 최고의 가치는 '자유'다. 사실 자유는 엄청난 단어다. 그리고 아주 오래전부터 인간이 추구해 온 가치다. 노예는 주인의 속박으로부터, 남자는 주변의 위험으로부터 가족을 보호하기 위해, 여자는 남자의 그늘을 벗어나기 위해 자유를 추구해 왔다. 각자 다른 위치에서 각자 다른 모양으로 추구하지만 자유의 본질은 같다. 사람들은 구속받는 걸 싫어한다. 구속으로부터의 탈출이 자유의 본질이다.

회사에서 직장인의 자유는 제한적이다. 직장인이 현실적으로 추구할 수 있는 자유는 자율적 의사 결정으로 결과를 얻는 성취다. 역으로 직장인의 가장 큰 비애는 장기판의 졸로 취급받을 때다. 조직의 일방적인 지시를 영문도 모른 채 실행만 할 때다. 이때 대개는 묵묵히 받아들이고 인내한다. 생계, 위계, 충성 때문이다. 여태까지 이런 비애나 절망감을 느껴 보지 못했다면 당신은 아직 그만한 직위에 도달하지 못했다는 뜻이다.

나의 롤러코스터 같은 인생을 곰곰이 살펴보니 화려한 영광 속에도 구속과 고통이 있었고, 극심한 고통과 빈궁함 속에도 평화가 있었다. 나는 부귀영화와 무관하게 흔들리지 않고 자기 의지를 표현할 수 있는 단어가 자유라는 것을 어렴풋이나마 알게 됐다. 한마디로 자유란 무엇을 해야 할지, 어떤 길을 가야 할지 스스로 생각해서 선택하고 움직이는 순수 실천 의지다.

## 자유에 대하여

그동안 내가 누려 왔다고 생각한 자유를 곱씹어 보면 순수하게 내 생각과 의지만으로 선택한 게 아니었다. 겉보기엔 내 선택 같아도 사실 어쩔 수 없이 강요된 타인의 선택일 때도 많았다. 아버지의 선택, 선생님의 선택, 친구와 선배의 선택, 경험과 관성의 선택, 게으름의 선택, 이데올로기의 선택, 지역의 선택, 환경의 선택, 편견의 선택 등이다. 그런 의미에서 내가 하고 싶은 것을 선택할 수 있는 '자유'는 엄청난 행운이다. 또한 자유롭게 선택하는 순간은 내 자아의 존재를 온전히 느낄 수 있는 시간이다.

자유는 자존감과 연결됐고 쾌감이기도 해서 지나치면 제멋대로 행동하게 된다. 그래서 지성 있는 자유인은 본능을 거부한다. 나의 자유 때문에 타인의 자유가 방해받는 것을 원하지 않기 때문이다. 내 자유만큼이나 타인의 자유도 소중하다. 어린 자녀가 성장함에 따라 선택권을 주는 일, 후배들에게 권한을 위임하는 것이 그런 맥락이다. 자유가 주어지면 우리는 두 가지를 염려한다. '잘할 수 있을까?', '혹 잘못되지 않을까?'이다. 이때 긍정적인 부모라면 자녀의 염려를 이렇게 다룰 것이다.

"엄마 아빠는 이렇게 생각하는데 너는 어떻게 생각해? 더 좋은 의견 있으면 스스로 생각해 보고 선택하렴."

선택의 자유를 준다는 것은 상대를 믿고 사랑한다는 의미다. 선택의 자유가 없는 사람은 자신만의 관점을 가질 수 없고 자존감도 떨어지며 자아도 사라진다. 이런 점에서 자유는 일종의 사랑이다. 사랑하는 이에게 선택권을 주는 것이다. 조직에서는 리더인 사장이 직원에 대한 사랑이 있어야 하고, 직원 역시 사장에 대한 사랑이 있어야 한다. 사랑의 모양은 다르지만 본질은 같다.

우리는 왜 이토록 자유를 추구하는가? 한마디로 삶의 여유와 감사를 느끼며 살아가기 위해서다. 《고맙습니다》의 작가 올리버 색스가 "이 아름다운 행성에서 지각 있는 존재이자 생각하는 동물로 살 수 있었다는 그 자체만으로도 엄청난 특권이자 모험이었다"라고 말한 것처럼 감사의 마음과 여유를 온전히 누리기 위함이다.

이 책에서는 자유를 '외부로부터 속박이 없는 상태'를 가리키는 소극적 자유에 기반해서 정의하려 한다. 구체적으로 '돈'으로부터의 자유, '시간'으로부터의 자유, '사람'으로부터의 자유가 있다. 이 세 가지 자유는 직장인이 희망 가능하고 현실적으로 손에 잡히는 자유다.

# 돈으로부터의
## 자유

내가 월급 7,000만 원, 연봉 9억 원이었을 때를 회상해 보려 한다. 2003년에 보유한 주식 및 자산 평가액은 약 100억 원이었다. 2020년 기준으로 1,000억 원은 족히 넘는다. 당시 나는 더 이상 자산을 늘릴 필요를 느끼지 못했다. 하지만 사업에 대한 욕심은 마치 자전거를 타는 것과 같았다. 한번 사업이라는 안장에 앉으면 어떻게든 계속 페달을 밟고 싶은 욕심을 멈출 수 없다. 욕망을 제어하기란 사실상 불가능했다.

사업이 일정 수준 이상의 단계가 되면 돈벌이 수단을 넘어 성장 본능에 따라 앞만 보고 달리는 경주마가 된다. 일반인들이 보기에는 돈을 좇아 달리는 것처럼 보이고 결과적으로도 큰돈을 얻는데, 이는 욕망을 좇았더니 돈이 따라오는 꼴이다. 욕망은 끝이 없으니 달리는 중간에 멈출 수도 없다. 달리는 열차에서 쉽사리 뛰어내리지 못하는 것과 같다. 말로는 쉽지만 실제로 멈추는 일은 무척 어렵다. 나는 2년 넘게 갈등한 끝에 욕망의 기차에서 뛰어내렸다.

　결과는 나의 장밋빛 예측과는 달리 참담했다. 이론이나 이상적으로 보면 참으로 멋진 선택이었지만 현실은 다르게 다가왔다. 행복을 위해 사업을 멈췄는데, 이제는 돈 때문에 행복에 제동이 걸린 것이다. 그 이후 나는 한참 동안 생활고를 겪었다. 나의 선택을 후회하기도 했다. 하지만 긍정적인 배움도 있었다. 나에게 있어 쾌락에 빠진 배부른 돼지의 불안한 삶보다는, 두려움과 배고픔이 공존하는 야생의 들판에서 즐기는 자유가 더 행복했다. 이는 20년이 지나고 나서야 비로소 가슴에 와닿았다.


## 돈 문제가 해결되면 또 다른 욕심이 생긴다

　돈으로부터의 자유는 돈의 절대적 크기와는 상관없다. 현재 내가 가진 돈으로도 충분히 즐길 수 있는 마음이 돈으로부터의 자유다. 돈은 벌되 집착하지 않고, 설령 실패하더라도 돈에 비굴하지 않은 태도다. 돈이 부족해도 기죽지 않고, 돈이 많아도 우쭐하지 않는 마음이다. 그렇지만 빈궁한 사람이 당당함을 유지한다는 것은 현실적으로 힘든 태도다.

　돈으로부터의 자유란 한마디로 돈 때문에 구질구질하게 살지 않는 것이다. 흔히 우리는 돈을 많이 벌면 행복하다는 등식을 믿고 있다. 아마도 부

자의 화려한 모습과 풍요로움이 다른 걱정거리도 잊게 해 줄 거라는 착각
에서 비롯된 것이 아닐까? 돈 문제가 해결돼도 다른 고민이 생긴다는 진리
를 대부분 잊고 산다. 우리 인생에서 문제가 없는 순간은 없다.

　돈을 '욕망'이라는 관점에서 살펴보자. 돈에 대한 욕망은 먹고사는 최소
한의 기준점(나는 이를 '거지 기준점'이라 부른다)을 지나면 객관성이 사라진다. 타인
과 비교하는 주관적 관점으로 전환되기 때문에 비교를 멈추지 않으면 영
원히 계속되는 '욕망의 굴레'에 갇히고 만다. 하지만 돈을 향한 욕망의 굴
레를 벗어나기란 쉽지 않다. 그 욕망에는 태생적으로 브레이크가 없다. 이
성으로 무장된 생각만이 브레이크가 되고, 실천이라는 날개가 있을 때 훨
훨 날아갈 수 있는 자유가 주어진다. 뭐든 이론과 생각은 쉽지만 실천은
다른 영역이다. 실천이 안 되면 생각만 미래에 가 있고 몸은 현재에 머무
른다. 욕망의 굴레에 사로잡히지 않으려면 이 점을 늘 염두에 둬야 한다.

# 시간으로부터의
# 자유

시간에 쫓겨 허둥지둥하며 남의 스케줄에 따라 나의 스케줄을 조정하는 을의 시간, 돈과 사람 때문에 여유 없이 빡빡한 시간. 내 스케줄이지만 엄밀하게 따져 보면 남의 지배를 받는다. 이런 시간적 구속에서 빠져나와 인생의 의미를 되새김질하고 여유로운 시간을 만들 수 있는 게 바로 시간으로부터의 자유다.

아무리 바빠도 누구나 삼시 세 끼를 먹고 차 한 잔 마시는 여유를 누릴 수 있다. 여유는 마음먹기에 달렸다. 그럼에도 잘 안 되는 게 시간을 내는 일이다. 바빠서 시간이 없는가? 여유가 없어 바쁜가?

1974년에 개봉한 영화 〈빠삐용〉에서 빠삐용이 감옥이라는 제한적인 환경 속에서도 탈출을 시도하고, 드가가 악마의 섬에서 닭과 돼지를 키우며 자기만의 공간을 갖는 장면이 나온다. 흥미롭게도 빠삐용이 악몽 속에서 받은 죄목은 '인생을 낭비한 죄'다. 상황이 어렵고 바쁘다고 시간을 낼 수 없는 것은 아니다.

## 시간의 자유를 얻는 현실적인 세 가지 방법

빡빡한 직장 스케줄 속에서 현실적으로 시간의 자유를 얻을 수 있는 방법을 찾아보자. 첫 번째는 보스와 확실한 신뢰를 쌓아서 내가 책임지고 일을 결정할 수 있는 경우다. 직장에서 상당한 자율권을 갖고 특정 프로젝트를 운용하려면 당연히 보스의 신뢰를 얻을 능력과 충성심이 필요하다.

두 번째는 어느 정도 규모 있는 회사에 적용될 수 있는 케이스로, 독립해서 당신이 직접 협력 업체 사장이 되거나 전담 프리랜서가 되는 것이다. 물론 이 경우도 완벽한 독립으로 볼 수는 없지만 나름대로 자기 시간과 자기 조직을 운용할 수 있는 '작은 자유'를 누릴 수 있다. 이는 직장인으로서 안정적인 독립이다.

세 번째는 직장 업무 구조가 일반 직장에 비해 다소 느슨한 곳에 취직하는 것이다. 여름, 겨울 휴가를 길게 누리는 학교 교사와 교수 그리고 주 2~3일 근무하는 회사나 프리랜서로만으로 구성된 조직이다. 요즘 사람들이 가장 선호하는 직장이기도 하다. 한마디로 자기 의지대로 시간과 스케줄을 조정하면서 살아갈 수 있다.

# 사람으로부터의
## 자유

우리는 원하지 않아도 누군가의 의지나 소속의 상황에 맞추며 살아간다. 사람으로부터의 자유는 이런 소속과 인간관계에서 벗어나 결정하고 행동할 수 있는 '자유'다. 자식이 부모 뜻을 거스르지 못해 원하지 않는 대학이나 학과에 입학하는 경우, 국회의원이 소속 정당에 반하는 개인 의사를 표명하지 못하는 경우, 사장의 뜻을 거스르지 못하는 임직원의 경우 등이 있다. 가정에서도 비슷한 일이 벌어지고 있다. 젊은 할아버지, 할머니들은 손주를 돌보느라 개인적인 생활 패턴을 침해받고 친구 관계가 꼬이게 됐다는 하소연을 많이 한다. 역으로 조기 퇴직하거나 치매를 앓는 부모를 봉양하느라 젊은 아들, 딸이 자신의 미래를 희생하는 상황도 사람에 의한 구속으로 볼 수 있다.

# 갑의 수를 줄여라

이 세상에 완벽한 자유란 없다. 큰 자유, 작은 자유가 있을 뿐이다. 이 세상도 내가 선택한 것이 아니라 주어진 세상이다. 주어진 환경과 조건에서 최대한의 자유를 추구할 수밖에 없다. 그래서 우리의 자유는 방어적, 소극적, 한정적이라는 한계가 있다. 랠프 월도 에머슨은 이렇게 말했다.

"완전히 자유로워질 수 없다면 웬만큼이라도 자유로워져라."

결국 차선을 찾아야 한다. 그러기 위해서 해야 할 일은 내가 가진 자유와 못 누린 자유가 누구와 얼마나 관련 있는지를 파악하는 것이다. 직장인이라면 갑의 수를 최소화해야 한다. 이는 승진, 보직 이동, 회사의 특수성, 이직 등 여러 가지 요소가 복합적으로 작용한다. 직원의 입장에서 미리 인지하고 움직이는 것과 졸지에 당하는 것은 다르다.

사람들이 피곤할 거라고 생각하는 비서직은 갑의 수 측면에서는 좋은 직업이라고 할 수 있다. 일반 직장인은 대리, 과장, 차장, 부장, 팀장, 이사 등등 갑의 수가 많지만 비서는 사장 딱 한 명만 보필하면 된다. 모실 사람이 한 명이다 보니 집중할 수 있다. 반대로 영업직은 챙겨야 할 거래처가 많다. 결국 갑의 수가 줄면 통제나 간섭을 받는 시간도 줄고, 그만큼 내가 누릴 수 있는 자유가 커진다.

# 사랑과 인정에 집착하지 마라

한편, 사람은 누구나 사랑받고 싶고 인정받고 싶어 한다. 우리는 평생을 인정받기 위해 노력했다. 유아기에는 부모님의 칭찬을, 학교 입학 후에는 선생님의 칭찬을 갈구했고 계속해서 친구, 선배, 동료, 사장으로부터 인정받으려 한다. 하지만 결과는 어떤가? 인정받고 싶은 욕망이 커지고 대상이 많아질수록 좌절하는 경우가 많다.

인정받지 못하고 사랑받지 못해도 대수롭지 않게 여길 수 있다면 당신은 사랑과 인정으로부터 자유로운 사람이다. 그럴 수 있는 이유는 두 가지 중 하나일 것이다. 포기했거나, 버려졌거나. 거꾸로 생각해 보면 약간의 포기와 노력으로 사랑과 인정으로부터 자유로울 수 있다.

다른 방법도 있다. '타인으로부터의 인정'이 아니라 '스스로를 인정'하는 것이다. 평생 타인의 눈에 들기 위해 애쓰고 실망을 거듭할 게 아니라 스스로를 믿고 묵묵히 전진하자. 인정받기 위해 살 것인가, 인정받는 존재로 살아갈 것인가? 인정으로부터의 자유를 선언해 보자.

우리는 누군가에게 받는 사랑의 본질을 생각해 볼 필요가 있다. 사랑인지, 본능인지, 배려인지, 다른 욕망의 지렛대인지 살펴보자. 보통은 뭉뚱그려 '사랑'이라고 하지만 대개는 동물적인 '본능'에서 비롯됐다. 상사가 주는 사랑도 본질을 봐야 한다. 사랑이라는 이름표를 단 지배와 예속을 의미하는지, 배려를 빙자한 자신의 명예욕인지, 또 다른 목표 달성을 위한 수단인지를 볼 수 있어야 한다.

# 지금은
# 이직을 권하는 시대

얼마 전까지만 해도 한 직장에 오래 있는 것이 미덕이었다. 그게 가능했고 실제로 정년 퇴직자도 많았다. 그러나 요즘은 한 직장에 오래 있고 싶어도 마음대로 되지 않는다. 회사가 망할 수도 있고, 인간관계 갈등 때문에 한곳에 오래 머물기 힘든 상황도 자주 생긴다. 이제 이직이 쉬운 시대가 됐다. 과거 직장인의 상징이었던 '정년퇴직'은 천연기념물이 돼 가고 있다. 실제로 《지금 힘든 당신, 책을 만나자!》의 저자이자 15년 차 직장인 황상열 작가는 지금까지 직장을 10번 옮겼다. 거의 회사가 망하거나 폐업으로 인해 전직한 케이스다.

당신이 타고 있는 배도 언제 뒤집힐지 모른다. 그래서 늘 구명조끼와 배낭을 꾸리고 떠날 준비를 해야 한다. 젊을수록, 힘이 있을 때일수록 더욱 그렇다. 우리는 지금 정착이 어려운 유목민 시대를 살고 있다. 한마디로 지금은 이직을 권하는 시대다.

## 짧아진 회사 수명에 대비하라

내가 다니는 회사가 나도 모르게 팔릴 수도 있다. 인수 합병이 진행될 때 직원들에게 미리 알려 주는 친절한 회사는 없다. 인수 합병의 핵심은 비밀에 있기 때문이다. 취업 시장이 변하고 있다. 지금까지 경쟁사의 핵심 인재 위주로 스카우트하던 기업들이 요즘은 아예 회사를 통째로 사 버리고 있다. 어느 날 나도 모르게 다니던 회사의 주인이 바뀔 수도 있는 것이다. 그러므로 내가 올라탄 배가 어느 항구로 가고 있는지 가늠해야 한다.

이제는 세계 경제가 저성장, 저물가, 저금리로 흘러가면서 뉴노멀 시대로 접어들었다. 뉴노멀이란 2008년 글로벌 금융 위기 이후 새롭게 나타난 세계 경제의 특징을 통칭하는 말이다. 기업의 성장을 나타내는 지표도 제자리걸음이거나 뒷걸음치고 있다. 대부분의 조직이 성장보다 현상 유지에 집중하며 변화를 두려워하고 있다. 2020년부터 세계를 뒤흔든 팬데믹은 중소기업은 말할 것도 없고 대기업조차 하루아침에 망할 수 있다는 교훈을 남겼다. 그러므로 내가 다니는 회사도 언제든지 망할 수 있다고 가정해야 한다. 이름만 조직일 뿐 그 신세가 개인인 나와 별반 다르지 않다. 회사는 어려움을 헤쳐 나가기 위해 몸집을 줄이거나 비용을 삭감하고 있다. 기업도 생존 전략이 있는 것처럼 개인도 나름의 생존 전략이 있어야 한다.

지금까지는 처음부터 대기업에 들어가야 좀 더 많은 성장과 기회를 얻을 수 있었다. 그렇지만 이제는 유망한 중소기업이나 스타트업에서 전문성을 확보하고 경험을 쌓으면서 인수 합병을 기회 삼아 대기업의 임원이되는 로드맵을 생각해 볼 수도 있다. 이른바 호랑이 등에 업히는 전략이다. 또는 창업을 취업의 디딤돌로 삼을 수도 있다. 구글, 네이버, 카카오, 쿠팡에 바로 입사한 직원도 있지만 창업한 회사가 대기업에 인수돼서 직원이 된 경우도 많다. 처음부터 잡아먹힐 의도를 갖고 창업할 수도 있다. 그게 아니라도 사업만 제대로 성공하면 연쇄 창업자의 길도 열려 있다.

# 2장

# 나의 가치를 극적으로 끌어올리는 법

**대체 불가능한 가치가 있으면
원하는 것을 얻을 수 있다**

# 당신은
# 1인 CEO다

대체로 직장 생활은 힘들고 지겹다. 신입 사원은 모든 것이 서툴러서 힘들고 경력자는 어쩔 수 없는 반복과 고달픔이 지겹다. 우리는 언제까지 이런 미생으로 살아야 할까? 더 좋고 안정적인 직장으로 이직하면 달라질까? 독립해서 창업하면 미생에서 탈출할 수 있을까? 다들 부러워하는 대기업, 공기업, 공무원이라고 미생이 아닐까?

자신을 단순한 직장인이 아닌, '1인 기업인', '1인 CEO'라고 가정해 보자. 망상이라고 할지라도 직장인도 기업인처럼 생각하고 일하면 향후 창업에 도움이 될 수 있다. 그게 아니라도 조직의 부속품이라는 의식에 변화가 생기지 않을까? 마음도 편해지고, 스트레스도 덜 받고, 희망이 생기지 않을까? 그렇게 되면 내가 다니는 회사는 나의 고객사로, 사장을 포함한 상사들은 나의 고객으로 보일 것이다. 지금 내가 하는 일은 노동이라는 '상품'

이 되고, 나라는 상품의 현재 가격은 '연봉'이 될 것이다.

## 직장인이라는 CEO

먼저 내가 가진 상품의 재고 상황부터 살펴보자. 전문 지식, 기술력, 서비스, 업무 능력 등이 될 수 있을 것이다. 다음은 누구에게 판매할 것인지 생각해 보자. 나의 노동력이 필요한 회사가 나의 고객이다. 마지막으로 나를 어떻게 알릴 것인지 생각하며 브랜드 가치를 높인다. 이처럼 회사에 소속된 직장인도 1인 CEO로서 '나'라는 회사를 운영할 수 있다. 내가 제공하는 노동 상품을 만들고(제조/생산), 실력과 경험(연구/개발)을 쌓는다. 트위터, 페이스북, 블로그 등 SNS를 활용해 몸값을 올리고(브랜드 파워) 구직 활동(영업)을 거친다.

지금까지 대부분의 직장인은 노사(勞使)라는 이분법 구도에 갇혀 한쪽 입장만 바라봤다. 이는 회사와 나의 관계에서 '나'라는 존재를 모자이크의 한 조각처럼 아주 작은 일부로 본 것이다. 이제는 피라미드 구조처럼 수동적인 노예 의식에서 벗어날 필요가 있다. 상사의 지시를 받더라도 '시키는 일을 한다'가 아니라 '상사에게 필요한 일을 제공한다'고 생각해 보자. 수직 하부 구조에서 수평 대등 구조로 멘탈을 재구성한다. 겉보기에는 여전히 '을'이지만 마음은 '파트너'로서 일하는 것이다.

스포츠에서 '이미지 트레이닝'이라는 훈련법이 있다. 실전처럼 머릿속으로 동작을 연습하는 방법이다. 신경 과학자들에 의하면 인간의 뇌는 실제 동작과 상상하는 동작을 구분하지 못한다고 한다. 때문에 이미지 트레이닝은 신체 훈련과 똑같은 효과를 낼 수 있다. 이때 아주 구체적으로 상상해야 한다. 실제로 세계 신기록을 세운 역도 선수 장미란도 경기 두 달 전부터 이미지 트레이닝을 했다. 관중들의 함성과 경기 시작을 알리는 소리를 듣고, 초크를 어떻게 묻힐 것인가, 어떻게 걸어갈 것인가, 호흡은 몇 번 가다듬고 어떻게 바벨을 잡고 들어 올릴 것인가, 바벨을 내려놓을 때 어떤 표정을 지을 것인가 등 경기를 처음부터 끝까지 아주 자세하게 상상한다.

말은 그럴듯한데 정말 그게 가능할까? 게다가 나는 파트너의 마음으로 일한다고 해도 상사는 그렇게 생각하지 않을 것이라는 의심이 들 수도 있다. 그렇지만 일단 나부터 그런 마음으로 출발해야 상대가 반응하는 법이다. 몸은 직장에 구속돼 있어도 마음만은 다르게 먹어 보자. 아무것도 하지 않을 때 얻을 수 있는 건 없다.


쌍방울의 김세호 대표는 회사 57년 역사상 평사원 출신의 최연소(42세) 사장이 됐다. 그는 사내 공모전 '내가 쌍방울의 총괄 경영부사장이 된다면'에서 우승해 차장에서 부사장으로 승진했다. 그리고 5개월 뒤 쌍방울의 대표가 된다. 오너 집안도 아니고 해외 학위도 없으며 유명 기업에 근무한 경력도 없다. 한마디로 그의 스펙은 보잘것없었다. 그렇지만 틈날 때마다

이를 뛰어넘는 실력과 경험을 쌓았다. 더욱이 그는 영업, 마케팅, 기획 등을 두루 거쳐 회사 일에 모르는 게 없어 '쌍방울맨'으로 불릴 정도로 일에 열정적이었다.

수동적인 을에서 적극적인 을이 되려면 계획이 있어야 한다. 갑에게 뭔가를 요구할 때 비굴하게 굴수록 갑은 더 강하게 압박하는 경향이 있다. 하지만 을이 당당하고 단단해지면 갑도 상대적으로 긴장감을 갖고 조심스럽게 접근한다. 존재감 있는 을이 되기 위해 가장 먼저 할 일은 스스로 자존감과 자신감을 갖는 것이다. 내가 나를 존중하지 않는데 누가 나를 알아주겠는가?

# 직장인은 더 이상
# 수동적이지 않다

　사장과 직원은 주로 상하 관계로 정의된다. 그래서 그동안 당연하게 여긴 '나를 따르라' 식의 일방적 지시와 단순 복종에는 소통과 이해가 필요하지 않았다. 소통은 오히려 팀 단합과 운영을 더디게 만든다고 생각했다. 중화 요리 음식을 시켜 먹어도 자장면이나 짬뽕 중 하나로 통일하는 게 단합이고 조직의 힘이라고 믿어 왔다. 누군가가 잡채밥을 시키면 '웬만하면 같은 걸로 먹자'는 무언의 압박을 받을 정도니 말이다. 결국 만장일치란 누군가가 양보했거나 강제한 결과다.

　그런데 조직 문화가 조금씩 변하고 있다. 그동안 하나의 정의만이 옳다는 생각에서 벗어나 여러 개의 옳음을 받아들이는 사회로 움직이고 있다. 상사와의 관계는 조직의 역할을 분담하는 동료로서, 역할과 기여가 다른 비즈니스 파트너로서, 수평적 관계로서 서로 존중하는 분위기가 생겼다.

니클라스 루만은 《벌거숭이 임금님: 신임 보스의 사회학》에서 주인과 노예가 안정적인 관계를 유지하는 원리를 설명했다. 주인은 노예가 명령에 복종하는지의 '여부'만 관찰한다. 반면, 노예는 주인이 명령을 내리고 확인하는 '방법'을 관찰한다. 그래서 노예는 겉보기엔 늘 똑같이 복종하는 것 같아도 알고 보면 주인의 통제를 감당할 만한 수준으로 유지하며 일상의 평화를 누린다. 이들은 갈등할 때보다 협력할 때 더 큰 혜택을 얻는다.

## 전략적 직장인

나는 직장에 대한 고전적 생각이나 태도를 현대적 흐름에 맞게 재정리할 필요가 있다고 생각한다. 그동안 모범적이고 완벽한 직장인이 되기 위해서는 반드시 규율을 준수해야 했고, 표준적인 인물이 되기 위해 무수히 많은 경쟁을 거쳐야 했다. 하지만 이제는 기존에 익숙했던 수직적 구조 대신 수평적 구조로, 통제가 아닌 자율로 관계의 흐름이 바뀌고 있다. 당신이 사장에게 더 가까이, 더 자주 다가가며 더 많은 이해와 협조를 끌어낼 수 있는 환경이 조성된 것이다. 이제 당신이 미래에 원하는 것을 이룰 수 있는 기회의 확률을 높일 때다.

전략적 사고가 필요하다. 전략(戰略, Strategy)이라는 말은 본래 군사 용어로 특정한 목표를 수행하기 위한 계획이고, 그 구체적인 실행 방법이 전술(戰術, Tactic)이다. 이 책에서는 전략과 전술을 뭉뚱그려 '목표를 달성하기 위한 선택적 행동 계획과 방법'으로 정의하겠다. 보스나 상사의 생각과 의도를 파악하고 내가 움직일 방향을 결정하는 것이다. 나아가 보스를 움직이고, 조직을 움직이고, 내가 의도하는 대로 인생을 살아가는 것이다.

종합하면, '전략적 직장인'이란 CEO는 물론이고 그 근처까지 올라갈 것을 염두에 둔 야망 있는 직장인일 수도 있고, '사장을 움직이는 자', '사장도 어쩌지 못하는 자'처럼 힘 있는 직장인일 수도 있다. 왕을 움직이는 책사, 대통령을 움직이는 막후, 감독을 움직이는 작가, 장군을 움직이는 참모처럼 보스를 움직이는 영향력 있는 사람이다. 이들은 조직에 속해 있지만 주관과 정체성이 뚜렷한 직장인이다. 삶의 방향성과 목표가 분명하고, 자기 계발과 셀프 진화의 동력이 갖춰진 직장인이다.

# 당신이
# 갑이 되는 조건

'나는 갑인가, 을인가? 을이라면 살아 있는 을인가, 죽어 있는 을인가? 힘 있는 을인가, 을 중의 갑인가?'

취직 못 해서, 대기업 못 들어가서 안달인 사람들이 있는가 하면, 다들 부러워하는 직장에서 자기 마음대로 부서도 이동하고 상사도 바꿔 가면서 사는 사람도 있다. 회사가 일방적으로 밀어붙이고 질주하던 시대는 끝나 간다. 아직도 조직의 힘은 세지만 개인의 특성과 능력을 살린 전문 프리랜서들이 자유를 찾아 약진하는 모습도 돋보인다. 개성, 전문성, 자율성을 중시하고 맞춤식 근무 조건을 내거는 기업들이 속속 등장하고 있다. 이제 회사의 일방적인 완력만으로는 목표를 달성할 수 없음을 깨달은 것이다. 일방적이기만 했던 갑과 을이 이제는 대등할 수도 있고 역전되는 상황도 생각할 수 있다. 갑과의 관계가 틀어지거나 내가 싫을 땐 언제든지 떠날 수 있는 선택적 직장인이 출현했다. 무늬만 을일 뿐 실제로는 갑인 셈이다.

"나는 갑도 을도 아니야. 그냥 나는 나야."

갑질의 시대를 살아가는 을들의 고군분투기를 그린 드라마 〈욱씨남정기〉에 나오는 명대사다. 약간의 생각 전환과 노력만 있다면 충분히 어깨 쭉 펴고 당당한 을로서 재미있게 직장 생활을 할 수 있다.


## 생각해 보니 나도 가끔은 갑

직장인은 대부분 스스로를 무조건적인 을로 생각하지만 그렇지 않은 경우도 있다. 회사가 어렵거나 말거나 업무가 밀리거나 말거나 무심하게 퇴근한다든지, 아무리 바빠도 휴가는 악착같이 모두 쓰는 상황이다. 회사와 나는 한 배를 타고 있지만 마음속으로는 회사와 나를 철저하게 분리한다. 이외에도 노조를 등에 업고 은근슬쩍 업무를 태만히 하는 경우, 혹은 그러고 싶은 충동을 느끼는 경우다.

갑 같은 을도 있다. 첫 번째는 전문 능력이 출중해서 회사가 전적으로 의지하는 경우다. 중화요리점이라면 사장보다 주방장이 갑이다. 두 번째는 급여를 제때 지급하지 못했을 경우다. 현행법상으로 직원의 월급을 제때 못 주면 사장은 고용 센터에 몇 번 드나들다가 형사범이 될 수도 있다. 이 경우 직원이 근무를 제대로 하지 않아도 사장은 아무 말도 할 수 없다. 세 번째는 소규모 사업장에서 한 명이 거의 모든 업무를 책임지는 경우다. 이때는 직원이라기보다는 집사에 가깝다. 당연히 사장과 대등하거나 갑이다.

직장인도 잠재적 '갑'이 될 수 있다. 물론 갑과 을이라는 이분법으로 복잡한 회사 생활을 규정하기는 어렵다. 또한 때와 상황에 따라 갑과 을이 바뀌기도 한다. 그렇기 때문에 이제는 갑과 을 두 가지로만 생각할 게 아니라 좀 더 다양하게 접근할 필요가 있다.

## 사장이 신경 쓰는 직원이 돼라

신경 쓰이는 직원이 있다. 사장은 그 직원이 퇴사할까 봐, 혹 월급을 올려 달라고 할까 봐 늘 노심초사한다. 이 직원은 한마디로 '가치 있는 직원'이다. 당신의 존재가 있어도 그만 없어도 그만이라면 평생 장기판의 졸 신세를 면치 못할 것이다. 이왕 직장인으로 일해야 한다면 사장에게 존재감 있는 직원, 사장이 쩔쩔매는 직원이 되자.

인사 이동을 할 때면 항상 "이 친구 없으면 안 된다", "저 친구는 내가 꼭 데려가고 싶다"라는 말을 듣는 직원이 있다. 이처럼 팀에 꼭 필요한 인물이라는 평을 얻으면 '을 중의 갑'이 된다. 팀장도 이런 부하 직원을 데리고 있으면 자신의 인사 고과에 도움이 돼서 당신을 쉽게 대하지 못한다. 훌륭한 팀장이 훌륭한 팀원을 만드는 게 아니라, 능력 있는 팀원 한 명이 팀을 살리고, 훌륭한 팀장을 만들고, 회사를 살릴 수도 있다. 그런 능력이 있다면 당신은 사장이 신경 쓰는 '을 중의 갑'이 된다.

# 직장인의 인간관계는
비즈니스다

　나의 인간관계를 돈으로 환산하면 얼마일까? 너무 직설적인 질문인가? 아니면 인간관계를 돈으로 환산한다는 것이 가당키나 할까? 결론부터 말하자면 가능하다. 인간의 감정은 유리막 같아서 언제든 깨지고 다칠 수 있다. 우리가 흔히 말하는 신뢰란 이런 유리막의 두께, 밀도, 강도다. 그래서 인간관계 또한 겹겹이 쌓고 덧칠해도 하루아침에 뚫릴 수 있다.

　인간관계의 밀도와 강도를 시험하는 손쉬운 방법이 있다. 상대방의 경조사에 불참해 보는 것이다. 일부러 행할 수는 없겠지만 살다 보면 의도하지 않게 불참하는 경우가 생긴다. 나의 경우는 파산을 겪으면서 부조금 낼 돈, 조문 갈 교통비조차 없을 때 이런 상황을 겪었다. 어쩔 수 없는 사정이 있더라도 상대방의 입장에서는 자신을 소홀히 한다는 감정이 앞서기 때문에 내 사정을 헤아리지 못했다. 상황이 어려울수록 더욱 그렇다. 이럴 땐 그동안 철석같이 믿었던 우정도 거우 10만 원짜리 수표 한 장에 불과하다. 그래서 우리는 대안을 찾는다. 훗날 구구절절 변명하거나 관계가 서먹해지느니 차라리 빚을 내서라도 10만 원을 보내 이 순간을 모면하는 것이다.

의도했든 불가피했든 경조사를 걸렀음에도 관계가 잘 유지되고 있다면 둘 중 하나다. 먼저 당신이 확실한 '갑'이라서 상대방이 이해하고 받아들이는 경우다. 또 다른 경우는 당신의 처지를 진정으로 이해하고 배려하는 특별한 경우다. '이 친구가 무슨 일이 있었나? 피치 못할 이유가 있었을 거야' 하며 불참한 이유를 헤아린다. 하지만 보기 드문 경우다. 당신의 인간관계에서 이런 사람이 몇이나 있는가?

반대의 경우도 있다. 평소에는 별로 친하게 지내지 않았는데 특히 조사에만 각별히 신경을 쓰는 경우다. 부조금을 많이 낸다든가, 조문 시간을 길게 가진다든가, 장지까지 따라와 준다든가 하는 각별한 성의 표시를 한다. 감정이 민감하고 다운돼 있으니 당연히 고마움도 클 것이다. 하지만 평소답지 않은 행동이라면 의심해 볼 필요가 있다. 나쁜 의도가 있을 수 있기 때문이다. 부조금이 뇌물일 수 있다. 뭔가 부탁이 있을 때 향후 연결을 위한 수단일 가능성이 크다.


## 직장 상사도 결국 사람이다

상사와의 관계는 어떻게 설정해야 할까? 앞서 인간의 감정은 얇은 유리막 같아서 언제든지 깨지고 다칠 수 있다고 말했다. 좋은 인간관계를 만들려면 이 유리막의 밀도를 높이고 개수를 늘려야 한다. 사람들은 흔히 가까운 사람일수록 이런 감정을 소홀히 한다. 하지만 서운함을 느끼는 건 누구나 똑같다. 오히려 신뢰가 두터울수록 서운함이 더 클 수도 있다.

영국 BBC 시청률 31%를 기록했고 한국에서 〈부부의 세계〉로 리메이크한 〈닥터 포스트〉의 원작자 마이크 바틀렛은 "완벽한 부부는 없으며 결혼의 핵심은 정직과 신뢰"라고 말했다. 배우자를 기만할 때 관계는 위기에 처한다. 상사와의 관계도 마찬가지다. 그들도 나와 같은 인간이며 나와 비슷한 감정 구조를 가졌다. 따라서 친구의 감정을 헤아리는 것처럼 상사의 희노애락에 반응해 주면 된다. 다만, 친구는 나의 배려에 바로 반응하지만 상사는 권위와 체면 등으로 애써 태연한 척하느라 느리고 간접적으로 반응한다. 하지만 효과는 같다. 그러니 상사의 반응이 시큰둥하다고 해서 실망하거나 노력을 멈출 필요는 없다.

감정의 신뢰는 천천히 차곡차곡 쌓는 것이다. 조폭 영화에서는 새로운 부하를 영입할 때 여러 가지 시험을 한다. 그가 진짜 우리 편인지, 배신할 가능성이 있는지를 보는 것이다. 통과하지 못하면 바로 죽음이다. 그에 비하면 직장 생활에서의 인간관계는 훨씬 안전하고 기회도 자주 주어진다. 조금만 더 신경 쓰면 기대한 것보다 많은 것을 얻을 수 있을 것이다.

경조사 이야기로 다시 돌아가 보자. 아무리 까칠한 상사라도 경조사에서는 경계심이 풀리고 감정도 훨씬 잘 드러난다. 누군가가 불순한 의도로 경조사를 챙긴다 해도 그걸 구분하기는 어렵다. 그런 의미에서 어떤 마음이든 상사의 경조사는 각별한 감정을 실어 정성을 다해야 한다. 그는 내 주머니 사정을 누구보다 잘 알고 있기 때문에 부조금을 무리할 필요는 없다. 대신 몸으로 정성을 표현하자. 상대가 까칠하거나 고위직이라면 경조사만큼 그와 감정을 밀착시킬 좋은 기회는 흔치 않다. 그런 상사일수록 진심으로 고마워할 일을 하나쯤 만들어 두는 것도 좋을 것이다.

# 나의 현재 가치는
## 얼마일까?

주식 투자할 때 그 기업의 현재 가치, 주당 가치를 따진다. 마찬가지로 봉급자로서 자신의 가치를 돈으로 따져 보자. '직장인'으로서의 나의 금전적 가치는 회사에서 받는 연봉이다. 연봉은 특별한 경우를 제외하고는 회사에서 일방적으로 정하는 경우가 대부분이다. 협상이라고는 하지만 보통 협상의 주도권은 갑인 회사에게 있다. 지금 받는 연봉은 회사에서 일방적으로 매긴 나의 가치다. 정확한 나의 현재 시장 가치는 내가 이 직장을 떠날 때 생기는 업무 공백의 손실, 대체되는 직원의 봉급, 채용 과정에서 소요되는 기회비용의 총합이다. 이걸 몇 가지로 세분하여 생각해 보자.

### 관장하는 일의 범위
먼저 당신이 지금 하고 있는 일을 다른 직원으로 대체할 경우다. 당신이

하는 일의 범위가 넓을수록 회사가 대체 인력을 보강하는 비용은 커진다. 예컨대 주업무가 회계지만 세무, 출납, 총무, 비서 업무까지 할 수 있고 여기에 마케팅, 홍보에 대한 지식까지 갖고 있다면 인사권자가 함부로 당신의 이동을 결정하기 어려울 것이다.

### 전문성

두 번째는 지식과 능력의 전문성이다. 한마디로 "저 사람 아니면 아무도 이 일은 처리할 수 없어"라고 평가받는다면 당신은 대체하기 어려운 인재다. 예컨대 같은 회계 업무라도 산업별, 회사별로 난이도가 다르다. 일이 어려울수록 대체 인력이 업무 파악에 상당한 시간을 소요할 것이다. 기술 분야, 전문 분야의 직종도 같은 맥락이다.

### 보안 가치

세 번째는 보안 가치다. 당신이 회사의 중요한 전략을 알고 있거나 보안상의 핵심 정보를 지니고 있는 경우의 존재 가치다. 즉, 회사 극비 사항을 당신이 얼마나 확보하고 있는지가 핵심이다. 당신이 정보를 유출할 때 생기는 손실 규모가 당신의 보안 가치다. 당신이 경쟁사로 이직했을 경우 회사가 입는 예상 피해를 금액으로 환산한 가치다. 만약 소송까지 진행될 경우 소송 기간에 드는 기회비용도 포함된다. 최첨단 기술을 보유한 회사의 연구 인력이나, 투명하지 못한 조직의 회계 자금 담당자가 이에 해당할 것이다.

나의 가치는 고정돼 있지 않다. 어제의 물가가 오늘과 다르듯 나의 가치도 시간에 따라 변한다. 금값도 변하고 은값도 변한다. 작년 양파값이 올해 양파값이 아니다. 모든 물건을 보는 시점과 상황에 따라 가격이 다르게 매겨진다. 그런데 사람들은 자기 가치를 고정한다. 한번 오른 연봉은 인상만 생각할 뿐 감액은 상상조차 하지 않는다. 대체로 자기 가치에 지나치게 관대한 것이다. 돈이 오갈 때는 항상 가격이 존재하고 그 가격은 항상 현재 가치가 기준이다.

직장인도 마찬가지다. 이직 생각이 없더라도 당신은 정기적으로 자신의 가치를 진단하고 평가해서 연봉을 따져 볼 필요가 있다. 그래야 불가피한 상황에서 원활하게 이직할 수 있고, 미래에 대한 긴장감도 유지할 수 있을 것이다.

# 핵심 인재가 되는
## 여덟 가지 비법

회사에서 인재를 구할 때는 크게 두 가지를 따진다. 하나는 신뢰고, 또 하나는 능력이다. 신뢰 중심의 직무는 운전, 경호, 비서, 금전 출납 등 단순하지만 중요한 일들이다. 고위직의 측근일수록, 사업이 폐쇄적인 성격을 띨수록 신뢰가 인재를 고르는 포인트가 된다. 대개는 신뢰와 능력을 함께 갖춘 인재를 원한다. 아무리 믿을 만한 사람이라도 기본적인 업무 능력은 필요하기 때문이다. 이런 회사의 채용 관점을 생각하며 나의 가치를 높이는 방법을 생각해 보자.

### 일당백 직원이 돼라

인력이 부족한 중소기업에서는 실무자의 전문성보다는 다양한 일을 해 줄 수 있는 직원이 더 환영받는다. 사람들이 귀찮아하고 내키지 않는 일도 자발적으로 하는 사람이다. 이것은 업무 수준을 높이기보다는 허드렛일일지라도 처리하는 업무가 점차 많아지면 어느 순간 회사의 엄청난 일꾼이 된다. 별다른 주특기가 없는 일반직일 경우 몸값을 올리고 자리를 굳건히 하는 데 가장 효과적이다. 구조 조정을 해도 가장 나중에 잘리고 설사잘려도 다른 회사에 소개해 줄 것이다. 전문직도 마찬가지다. 예컨대 경리로 입사했지만 총무, 자재, 세무 등으로 업무 범위를 확장하면 회사에서는대환영이다. 그러면 자연스럽게 당신의 존재 가치가 커지고 해고의 위험으로부터 멀어질 것이다.

### 하는 일에서 최고가 돼라

전문성, 즉 일의 난이도를 높인다. 부여받은 일에 최고 전문가가 돼서누구도 대체하기 힘든 수준까지 도달한다. 제이 새밋은 《파괴적 혁신》에서 "내가 하는 일에서 최고가 돼라. 그게 아니라면 그 일을 하는 유일한 사람이 돼라"라고 말했다. 그러나 일반 회사에서는 그런 수준의 일은 거의존재하지 않고 보통은 필요하지도 않다. 다만 당신을 대체하는 인력을 만드는 데 드는 기간이 6개월 이상 걸린다면 당신은 그 분야에서 성공적으로 뿌리 내렸다고 볼 수 있다.

### 소통 밀도를 높여라

보스와 기밀 정보를 논하는 사이가 된다. 여기에는 비리나 치명적인 약점도 포함된다. 그러려면 앞서 언급한 업무 범위와 전문성에 신뢰를 더해야 한다. 신뢰는 평소에 꾸준히 충성심을 표시하며 지속적으로 쌓아야 한다. 그래야 시시콜콜한 정보까지 공유하면서 그에 상응한 지위를 부여받기 때문이다. 신뢰의 척도는 당신이 보스와 시시콜콜한 일상 정보를 얼마나 많이 공유하는지에 달렸다. 한마디로 정보의 질보다는 양이 중요하다. 그러다 감정이 실린 정보가 넘어오기 시작하면 중반전에 접어든 것이고 은밀한 사담이나 토론까지 이어지면 고급 단계로 진입했다고 볼 수 있다.

### 예측 가능한 존재가 돼라

조직에서 예측 가능한 존재가 된다는 것은 '믿을 수 있는 인물'이라는 뜻이다. 필요한 일을 그 사람이 해 줄 수 있다는 믿음과 '그 사람이라면 잘할 수 있다'는 평판을 만드는 것이다. 예컨대 성실함은 신뢰와 예측의 중요한 지표다. "○○ 씨는 비가 오나 눈이 오나 출근이 한결같은 사람", "술 마셔도 칼같이 출근하는 사람", "업무 지시를 하면 끝장을 보는 사람" 등의 이미지를 심어 주는 것이다. 성실함은 모자란 실력과 인사 위기에서 나를 구하는 보험이 되기도 한다.

### 일의 무게 중심을 나에게 옮겨라

내 일도 내가 하고, 기회가 주어지면 그 외의 일도 내가 한다. 일의 무게 중심은 회사의 의존도다. 일의 난이도, 범위가 커질수록 당신의 실력과 신뢰도 커진다. '기브 앤 테이크' 법칙은 옛말이다. 이제는 '기브, 기브, 기브'다. 사장은 회사를 사랑한다. 당신이 회사를 사랑한다면 사장도 당신을 사랑하게 될 것은 너무나 당연한 논리다.

이때 지켜야 할 두 가지 원칙이 있다. 첫 번째는 선택과 집중이다. 아무렇게나 총알을 낭비하지 말고 목표를 정해서 집중해야 한다. 중요한 프로젝트를 진행한다면 그 일에만 집중하자. 무작정 많이 일하면 피로가 쌓여 일에 지장을 줄 수 있으니 중요한 일이 있을 땐 일의 범위를 좁힌다.

두 번째는 당신의 노력을 홍보하는 것이다. 가능하면 제삼자의 입을 통해서 당신의 회사 사랑이 상사에게 전달되면 좋다. 업무 외의 선행도 마찬가지다. 복도에 떨어진 휴지를 치우거나 힘들어하는 동료나 후배를 돕는 등 가볍지만 마음을 쓰는 일을 병행하는 것이다.

### 정치적 감각을 익혀라

기술직이든 사무직이든 직급이 올라갈수록 정치적인 감각이 필요해진다. 그렇지 않으면 자칫 기능적인 도구로만 쓰일 수 있다. 더 높이 올라가고 싶다면 관리자가 돼야 한다. 관리자가 되려면 조직의 메커니즘과 사람의 심리, 감정을 이해하는 정치적 감각이 필요하다. 만약 보스가 당신에게 조직, 인사를 논한다면 당신은 이미 관리자의 반열에 들어선 것이다.

### 조직이 어설플수록 기회는 많다

조직이 어설플수록 오히려 당신에게는 기회다. 조직의 어설픔 때문에 이 조직이 당신을 필요로 하고 있는지 모른다. 따라서 조직의 부실함이 보이면 이를 탓할 게 아니라 오히려 기회로 생각해야 한다. 모든 시스템이

촘촘하게 짜여 있고 완벽하다면 당신이 설 자리가 없다. 그리고 뭔가를 시도해 볼 기회도 없다. 사람들은 흔히 직장에 들어가서 조직에서 느낀 문제나 시스템에 대한 불평불만을 늘어놓는다. 하지만 거꾸로 생각하면 이는 당신에게 기회가 많다는 의미다. 조직이나 주변의 어설픔, 부족함이 오히려 당신의 존재 가치를 부각한다.

### 옆길도 길이다

노래 잘 부르는 사람은 무수히 많다. 그렇지만 그 중에서 극소수만이 인기 차트에 올라간다. 인기 가수는 실력도 갖춰야 하지만 시대도 잘 타고 태어나야 한다. 실력과 상관없이 그 시대가 원하는 가수상이 있을 테니 말이다. 실력이 없어도 인기 가수 반열에 오르는 이가 있는가 하면 실력이 출중해도 못 오르거나 반짝 인기에 그치는 가수도 있다. 실력은 기본이고, 시대를 읽고, 사람을 읽고, 그 외 홍보와 관계 기술이 종합적으로 작용하여 인기 가수가 만들어진다. 직장 생활도 그렇다. 특히 중간 간부 이상이라면 본업뿐만 아니라 이웃 관련 업무에도 신경 써야 할 것이다.

그런데 아무리 노력해도 따라갈 수 없는 일이나 상대가 있다면 어떻게 해야 할까? 똑바로 가는 길이 어둡다면 옆길로 가는 것도 괜찮다. 예컨대 히트곡이 별로 없지만 인간관계, 소통 능력이 뛰어나 '가수 협회 회장'이 되는 경우다. 다른 업계도 마찬가지다. 여러 협회장들 중 일부는 본업에서는 배경, 능력, 실적이 좀 변변찮지만 협회 전체의 이익을 대변하고 리더십을 발휘하는 데 탁월하다.

세상은 하루가 다르게 변하는데 늘 가던 길, 세상이 정한 길로만 가면 살아남기 힘들다. 자신의 새로운 능력과 가치를 발견하거나 개척할 수 있다면 옆길로 가는 것도 하나의 선택이 될 것이다.

# 당신의 연봉은
# 적정한가?

연봉은 내가 회사에 제공하는 노동 상품에 대한 대가다. 연봉의 시장 가격은 사장이 임의로 결정하는 '주관적 가치'와 경쟁 업계에 의해 결정되는 '상대적 가치'로 나눌 수 있다. 연봉은 보통 상대적 가치를 참고하여 회사가 주관적으로 결정한다. 만약 기업의 기대만큼 노동 가치를 제공하지 못하거나, 나와 비슷한 노동 가치를 누군가가 더 낮은 가격으로 제공한다면 연봉 인상은 기대할 수 없다. 오히려 지금 연봉을 고맙게 생각하고 잠자코 있는 게 유리하다.

연봉의 원가는 내가 투입한 노력과 시간, 그리고 나의 영향력의 합이다. 상품의 가격은 원가를 기준으로 마진을 붙이는 게 상식이지만, 때로는 원가 이하에 팔아야 하는 경우도 있다. 첫 번째는 아직 실력이나 경험이 부족하여 개인 브랜드 파워가 약한 경우다. 이때는 실력과 경력을 쌓기 위해 무보수나 저임금으로 일하거나 인간적인 수모도 감수해야 한다. 예술, 문화계에서 도제 형태로 흔히 볼 수 있는 경우다. 두 번째는 나의 노동 상품이 너무 일반적인 업무라 전문성, 희소성이 떨어지는 경우다. 요즘은 전문직도 사정이 비슷하다. 옛날에는 전문직 변호사가 대기업에 취업하면 부장이나 임원직이었지만 지금은 희소성이 떨어져 대리 정도로 입사한다고 한다.

내가 받는 봉급이 과한지, 적게 받는 건지 스스로 객관적 지표를 설정하고 따져 보기 바란다. 실력에 비해 급여를 과하게 받고 있다면 조직에 매이고 비굴해질 수 있다. 특히 협상으로 간신히 얻어 낸 경우라면 나중에 퇴사하고 싶어도 말 꺼내기가 쉽지 않을 것이다. 반면 양쪽 모두 급여가 부족하다는 인식이 공유됐다면 일할 때도 괜히 당당하고 언제든 퇴사할 수 있는 빌미를 가졌으니 마음이 편하다. 타사 동종 업계와 20% 정도 차이가 난다면 참을 만한 상태라고 생각한다.

## 연봉은 많이 받을수록 좋다? 과연 그럴까?

협상 상대를 가장 손쉽게 제압하는 방법은 욕망의 균형을 깨트리는 것이다. 이직하는 회사에서 상식적인 수준보다 큰 금액을 제안받으면 '아싸' 하며 환호하게 되고 평정심이 깨진다. 이는 능력 있는 전문직이나 영업자를 스카우트할 때 상대의 욕심을 자극하는 전략이다. 돈을 많이 준다고 하면 누구나 흔들리는 것은 당연하다. 우리 주변에서도 흔히 볼 수 있고 한 번쯤은 다들 경험한 적 있는 일들이다. 금방 부자가 될 것 같은 다단계의 야심찬 기획, 마약 전달, 보이스 피싱 같은 일들이다. 일은 단순하고 쉬운데 상식을 뛰어넘는 큰돈을 받는다. 이들 대부분은 범죄와 관련됐거나 누군가의 검은 손길이 닿아 있는 경우다. 먹음직스럽고 큰 미끼는 반드시 큰 대가를 치러야 한다.

자본주의 사회에서 돈은 참으로 솔직한 위력을 발휘한다. 회사가 나에게 큰 연봉을 제시할 때는 반드시 이유가 있다. 회사는 이익을 내기 위해 존재하는 조직이다. 특히 중소기업은 이익을 내지 못하면 문을 닫아야 하는 절박함 때문에 이익에 더욱 민감하고 필사적이다. 회사가 연봉을 많이 제시한다는 것은 그만큼 나에게 원하는 게 많다는 뜻이고, 나는 그 연봉에 걸맞는 결과물을 내놓아야 한다. 그게 세상의 계산법이다. 이 세상 모든 돈에는 다 이유가 있고 등가의 법칙이 적용된다.

특히 이직 시에는 연봉을 많이 준다고 덥석 물지 말고 왜 그런 연봉을 제시하는지 곰곰이 따져 보자. 진짜 당신의 전문 능력이 탐나서인지, 대리인으로 사용하기 위함인지, 위험한 일에 이용하려는 건지, 단기 프로젝트의 임시 용병인지를 말이다.

현재 근속자의 경우도 별반 다르지 않다. 우리는 연봉을 많이 올려 주면 '이익이 많이 났으니 연봉이 오르는구나' 하며 좋아한다. 당장은 기분 좋을지 모르겠으나 어두운 측면도 생각해야 한다. 향후 실적이 부진하거나 동종 업계와 임금 격차가 벌어질수록 구조 조정이나 업무 강도가 세지는 빌미가 될 수 있고 새로운 인물로 대체될 가능성이 있다.

그래서 연봉이 높은 사람을 마냥 부러워할 일은 아니다. 고액 연봉에 가려진 엄청난 업무 강도, 피 말리는 스트레스, 프로들의 치열한 경쟁과 굴욕감, 정상을 향한 인내심 등을 헤아려 봐야겠다. 그렇다고 부족한 연봉을 당연하게 여기거나 고액 연봉을 지향하지 말라는 의미가 아니다. 받는 만큼 대가를 치러야 한다는 말을 하고 싶은 것이다.

# 연봉을 올리는
# 가장 현명한 방법

직장인은 누구나 높은 연봉을 원한다. 반대로 회사는 가능한 한 적은 연봉으로 당신을 고용하기를 원한다. 이런 구조에서 사장에게 연봉을 올려 달라고 말하면 어느 사장이 기다렸다는 듯이 바로 연봉을 올려 주겠는가? 중소기업에서 자기 입으로 사장에게 연봉 올려 달라고 말하는 것은 바보 짓이나 다름없다. 또 사장이나 직원이나 연봉 협상만큼 어색한 자리가 없을 것이다. 이미 다니고 있는 회사에서 그것도 매일 얼굴 마주보는 두 사람이 이런 일로 테이블에 마주한다는 게 특히 동양 정서상 낯 껄끄러운 일임이 틀림없다. 나 역시 사장으로서 직원과 연봉 협상할 때가 세상에서 가장 힘들었던 시간이었다. 그렇다면 어떻게 해야 연봉을 현명하게 올릴 수 있을까?

## 패를 다 보여 주면 진다

연봉 협상을 말로 하는 것은 하수다. 프로 직장인은 협상 테이블이 아니라 평소 행동으로 협상한다. 성과를 내고 보여 주면서 사장이 느끼도록 유도한다. 불가피하게 사장과의 협상 테이블에 직접 마주하더라도 부탁의 형식은 최후의 수단으로 하는 것이 좋다. '사정이 이러이러하고 능력도 이러하니 월급 좀 올려 주시면 좋겠습니다'라고 말이다. 하지만 그렇게 되면 그때부터 사장은 당신의 개인 사정, 당신이 자신의 능력을 어떻게 평가하는지도 알게 될 것이다. 결국 당신의 수를 사장에게 확실하게 까발리고 패를 다 보여 준 셈이다. 게임에서 내 패를 다 보여 주면 진다. 향후에 상대방의 의도대로 끌려갈 가능성이 크기 때문이다.


## 사장을 감동시켜라

역발상을 해 보는 것은 어떨까? 요즘은 근로자들의 권익이 상당한 수준에 올라있고 제도적으로도 이를 뒷받침한다. 필요하면 언제든지 노조를 통해 법으로 규정된 근로자의 권리를 주장할 수 있다. 이런 시대에서 전부 자기 권리와 일방적인 주장만 할 때, 내가 하는 일을 늘리고 모든 일을 나의 일처럼 최선을 다하고 있다면 어떨까? 한마디로 '오지라퍼'가 돼서 네 일 내 일 구분하지 말고 닥치는 대로 하는 것이다. 《어떻게 부자가 될 것인가》의 저자 우성민은 "나는 내 입으로 연봉 올려 달라고 한 적이 한 번도 없다. 그런데 사장이 알아서 올려 줬다"라고 말했다. 그는 경리직이었지만 회사가 필요하다고 생각하는 일은 내 일이 아니어도 솔선수범하게 처리했다. 남들이 퇴근한 후에도 회사에 남아서 낮에 못다 한 일을 처리했다고 한다.

　요즘은 실력 좋은 사람들이 지천으로 널려 있다. 하지만 자기 일처럼 일하는 직원은 드물다. 물품이나 경비 처리도 그렇다. 자기 것이라면 과연 저렇게 쓸까 싶을 정도로 아무렇게나 쓰고 낭비하는 직원들이 간혹 있다. 회사 물건은 막 써도 된다고 생각하는 일부 직원들이다. 한편 회사 물건과 경비를 내 것처럼 아끼고 절약하는 직원도 있다. 당신이 만약 사장이라면 누구를 더 좋아할까? 당연히 후자일 것이다. 누구든 내 일을 자기 일처럼 해 주면 매우 고맙게 생각하고 감동받기 마련이다.

　사장을 감동시키는 가장 확실한 방법은 회사 일을 자기 일처럼 하고 물건도 내 물건처럼 아끼는 것이다. 너무 고전적이고 고리타분한 권고인가? 이는 부자가 되는 비법이기도 하다. 작은 습관이 회사를 이롭게도 하지만 개인을 부자로도 만든다. 그리 어려운 일도 아니다. 마음을 다르게 먹었을 뿐인데 고액 연봉에 도달하는 가장 확실한 방법이다. 특히 당신이 전문성이 떨어진다면 더욱 그리 해야 할 것이다.

# 미래를 위한
# 현실적 준비물 세 가지

  많은 예측이 틀려 왔음에도 불구하고 역사에서 승리는 항상 미래를 예측하고 준비한 자들의 것이었다. 이들은 주로 지금 우리가 겪는 코로나19 사태처럼 어둡고 '판'이 흔들리는 시기에 나타났다. 판과 룰이 바뀌는 뉴노멀 시대에는 다르게 행동하는 자만이 승자가 될 수 있다. 그들 역시 미래가 이렇게 전개될 줄 몰랐겠지만 그동안의 준비 덕분에 정상에 도달한 것이다.

  어떤 직장, 어떤 일을 원하는가? 내가 하고 싶은 일, 나를 인정해 주는 회사, 복지 가득한 직장, 나아가 나를 둘러싼 모든 이가 나를 잘 대해 주는 회사가 있을까? 정말 환상적이고 꿈같은 직장 말이다. 미안하지만 그런 직장은 생전에는 없다. 꿈같은 직장은 말 그대로 꿈이다. 행동과 실천이 없는 상상 속의 꿈은 그냥 꿈일 뿐이다. 꿈을 현실로 만들기 위해서는 뭔가를 해야 한다. 꿈은 상상에 나의 작은 힘을 하나씩 보태면서 현실로 만들어 가는 것이다. 그게 우리가 꿈꾸고 상상하는 이유다.

꿈의 직장에 대해 좀 현실적으로 접근해 볼 필요가 있다. 먼저 좋은 회사를 찾아볼 땐 나의 현재 능력과 상황을 고려한 맞춤식 조회가 필요하다. 구체적으로 홈페이지나 주변 지인을 통해 알아보는 방법 외에도 요즘은 평판을 조회할 수 있는 잡플래닛, 크레딧잡 등의 사이트도 생겼다. 여기에서는 기업 정보(매출액, 인원, 입퇴사율 등), 복지 및 급여, 업무와 삶의 균형, 사내문화, 승진 기회 및 가능성, 경영진 만족도를 바탕으로 기업 추천률, CEO 지지율, 기업 성장률 등을 수치화하여 보여 주고 있다. 물론 연봉이나 성과급은 정보의 폐쇄성으로 인해 부정확하다는 단점은 있으나, 대강의 평판을 살펴보기에 충분하다.


## 미래 전략 3종 세트: 스펙, 인맥, 종잣돈

좋은 회사, 입맛에 맞는 회사를 찾아보는 것도 중요하지만 내가 좋은 회사에 들어가기 적절한 사람이 되도록 현실적으로 준비해야 한다. 회사가 가장 필요한 것은 나의 능력이다. 능력을 키우는 것만이 최선이고 미래 전략의 출발점이다. 미래 전략을 짤 때 한 회사, 하나의 미래만 계획하는 것은 위험하다. 여러 가지 경우의 수를 따지면서 미래에 대한 준비를 해야한다. 말하자면 확률을 높이는 것이다.

원치 않는 선택을 피하기 위한 위험 관리 대비책도 전략에 포함된다. 내가 움직여서 생기는 위험, 움직이는 방향과 속도에 따른 위험, 가만히 있어도 다가오는 위험 등이다. 결국 불특정한 미래를 대비하려면 멀티 미래를 위한 멀티 목표, 이를 실천하기 위한 멀티 노력이 필요할 것이다.

필자가 주관적으로 생각해 둔 미래를 위한 현실적 준비물 세 가지가 있다. 일명 '미래 전략 3종 세트'다. 첫 번째는 스펙 만들기, 두 번째는 인맥, 세 번째는 종잣돈 마련이다. 지금부터 이 세 가지를 자세히 살펴보겠다.

# 스펙이 필요한
# 진짜 이유

누군가는 "실력만 있으면 되지 뭐"라고 패기 있게 말한다. 하지만 실력만으로 실력을 증명할 수 있으면 얼마나 좋을까? 세상은 명품 가방 같은 것이다. 아무리 잘 만들어진 가방도 브랜드가 없으면 가치를 인정받지 못한다. 반대로 어설프게 만들어졌어도 명품 딱지가 붙어 있으면 괜히 멋스러워 보이고 가격이 비싸도 고개를 끄덕인다. 이게 스펙의 힘이다.

스펙과 능력은 둘 다 남들이 나의 '실력'을 평가하는 중요한 수단이다. 실력이 스펙화되는 게 맞지만 요즘은 거꾸로 스펙이 실력을 증명하는 시대다. 진짜 고수는 스펙이 필요 없지만 대부분 일반인은 스펙이 꼭 필요하다. '실제 능력'을 파악하는 데는 어려움이 있기 때문이다. 그래서 사람들은 당장 눈에 보이는 명함이나 이력서에 적힌 스펙을 '실력'이라고 믿어 보는 것이다.

# 스펙을 강요하는 사회

한국 교육 개발원이 2020년 1월 19일에 발표한 교육 여론 조사 결과에 따르면, 우리 사회에서 대학 졸업장에 따른 차별 정도가 여전히 심각하다고 보느냐는 질문에 전체 응답자의 58.8%가 그렇다고 답했다. 학벌주의와 대학 서열화 현상은 앞으로도 큰 변화가 없을 것 같다는 응답 역시 약 58%에 달했다.

한마디로 지금 우리 사회는 스펙을 강요하는 사회다. 아무나 취업하는 세상이 아니다. 좋은 일자리에는 반드시 괜찮은 스펙이 필요하다. 게다가 지금 사회는 좋은 일자리 창출에 무능한 사회다. 취업을 위해 각자도생해야 한다. 그렇기 때문에 일단 스펙은 준비해 두는 게 좋다고 주장하는 것이다.

평생 교육 전문 기업 휴넷은 2020년 1월 직장인 987명을 대상으로 한 설문조사에서 응답자의 94.4%가 올해 자기 계발을 위한 학습 계획이 있고, 2020년 이루고 싶은 소망 1위와 2위는 각각 '자격증 취득'과 '외국어 습득'이 차지했다고 한다. 이전까지는 매해 '건강 관리'가 1위였지만 2019년부터 자기 계발 항목이 상위권으로 나타나고 있다.

평생직장에 대한 불안감에 '업글 인간(성공보다는 성장을 추구하는 자기 계발형 사람)'이 트렌드로 떠오르면서 자기 계발에 대한 관심이 높아지고 있다. 이는 사람들이 자격증과 각종 스펙의 중요성을 잘 인식하고 있다는 방증이다.

# 자격증, 딴다고 다 좋을까?

자격증도 여러 개면 좋고 외국어도 다양하게 구사할 수 있다면 좋을 것 같지만 그래도 효율성을 따져 봐야 한다. 이왕이면 학습 시간 대비 실질적인 효과를 따지고 자기의 인생 로드맵에 맞는 스펙과 자격증을 획득해야 한다. 자격증이 많다고 나쁠 건 없지만, 자잘하고 쓸모없는 자격증을 얻으려고 노력하는 게 시간 낭비, 돈 낭비가 될 수도 있다. 자격증을 딸 때도 선택과 집중이 필요하다.

세상 모든 가치의 핵심은 '희소성'이다. 공기나 물은 삶에 꼭 필요하지만 너무 흔하기 때문에 상품 가치가 없다. 엠아이티(MIT)의 울리히 폴 교수와 국제 공동 연구팀에 따르면, 지표로부터 약 160킬로미터 깊숙한 지구 내부에 수천 톤의 다이아몬드가 있다고 한다. 다이아몬드는 땅 위에서는 구하기가 쉽지 않아서 비싼 것이다. 자격증도 다이아몬드처럼 상품 가치가 있는 것 한두 개면 충분하다.

한편, 자격증의 함정을 주의해야 한다. 바로 위험할 때 안전장치 역할로 사용하다 자격증의 노예가 돼 버리는 것이다. 자격증을 임시 생활 방편으로 삼다가 그만 익숙해진 나머지 평생 올무가 돼 살아가는 사람들을 많이 봤다. 예컨대 취미 삼아 중장비 자격증을 딴 사람은 생활이 어려워져 잠깐 시작한 일이 평생 직업이 됐다. 1종 운전면허를 따고 의도치 않게 평생 운전만 하게 된 경우도 있다. 이처럼 스펙 하나로 의도하지 않은 일을 장기간 또는 평생 직업으로 삼게 되는 것을 경계해야 한다.

## 자격증의 승수 효과

그럼에도 자격증을 따야 하는 이유가 또 하나 있다. 바로 자격증이 자격을 낳는 승수 효과 때문이다. 나는 대학교 4학년 때 정보처리기사 자격증을 취득했다. 당시 주변에서도 자격증은 따도 그만, 안 따도 그만이지만 따는 게 좋다는 식으로 생각했고, 나 역시 크게 공부하지 않고 쉽게 취득했다. 당시에는 지금보다 자격증 따기가 더 쉽기도 했다. 그리고 10년쯤 지나 기술지도사 자격증을 취득했다. 그 이후 이 두 자격증이 있으면 자동으로 취득되거나 의무 교육 또는 약간의 의례적인 시험만으로 취득되는 자격증들이 생겼다. 모든 자격증은 연결돼 있다. 일단 하나를 취득하면 그 다음에는 일부 과목을 면제해 주거나 완화해 주는 등의 혜택으로 쉽게 다른 자격증을 딸 수 있다. 그래서 괜찮은 자격증 한두 개가 꼭 필요하다.

# 인맥은
# 쌓기가 아니라
# '구성'이다

　　왜 '인맥 쌓기'가 아니고 '인맥 구성'인가? 인맥은 흔히 말하는 '사람을 모으는' 개념이 아니다. 세상에 많고 많은 게 사람이다. 좋은 사람, 코드가 맞는 사람과 어울리기도 바쁜데 이 사람, 저 사람 숫자만 쌓다가 세월을 보낼 수는 없다. 친구를 가려 사귀는 스마트한 구성이 필요하다.

　우리는 살면서 학연, 지연, 사회생활 덕분에 저절로 알게 된 사람이 많다. 이 많은 아는 사람 중에서 어떻게 친구를 구성해 갈 것인가? 여기서 친구란 관포지교의 우정을 의미하는 게 아니다. 당신의 성공 사다리 옆에서 다른 사다리를 탄 비즈니스 친구를 말한다. 그러니 말 잘 통하고 능력 있고 그 옆에 있으면 내가 빛날 수 있는 친구여야 한다. 인간은 천성적으로 자기보다 더 크고 빛나는 존재와 가까워지고 싶어 한다. 그러니 친구는 당연히 나보다 잘난 사람이어야 한다. 그런 의미에서 앞서 말한 스펙 쌓기와 좋은 인맥 구성은 밀접한 연관성이 있다. 좋은 친구를 얻기 위해서는 내가 먼저 그의 친구가 돼야 한다. 그러려면 그가 자랑스러워할 만한 스펙을 갖춰야 한다.

예컨대 토익 학원의 900점 반에 들어가면 그 수준의 영어를 구사하는 친구를 사귀게 될 것이고, 명문 학교에 다니면 그 수준의 친구와 교류하게 된다. 사회에서의 고급 사교 모임도 마찬가지다. 인맥 구성은 그룹에 진입할 수 잇는 기본적인 준비가 됐을 때 가능하다. 명문 학교는 실력이 있어야 갈 수 있고 고급 사교 모임도 재력과 시간과 본인의 안목이 있어야 한다. 기본이 필요하다. 기본 스펙이 있어야 원하는 모임의 일원이 될 수 있다. 설령 억지로 들어간다 해도 객관적인 스펙이 있어야 모임의 주도권을 가질 수 있다.

## 인맥을 구성하는 네 가지 기술

### 융복합 교차 인맥 기술

서로 다른 분야 간의 융복합 인맥 구조 설정이다. 다른 분야의 특별한 능력자를 찾는 것이다. 서로 부족하거나 필요한 부분을 메꿔 주는 방식의 사교다. 돈이 많은 사업가나 대기업 임원은 음악, 미술, 문학 분야의 예술가를 사귀고 명예나 권력 있는 교수나 고위 공무원은 기부 능력이 있는 부호와 친분을 맺는다. 르네상스 시대의 많은 예술가는 부자들의 지원으로 작품 활동을 했다. 부자와 권력자들은 예술을 통해 그들의 취향을 확장했고, 예술가는 그들의 지원 아래서 맘껏 예술적 본능을 발휘하는 것이다.

대학원 최고위과정에서는 이런 방식의 배움과 사교 모임이 아주 자연스럽게 이뤄지고 있다. 서로 원하는 것을 주고받고 부족함을 메우는 것이다. 하지만 간혹 모임이 사악한 자들에 의해 과열되거나, 지나치게 전략적으로 활용되는 바람에 사회적 물의를 일으키는 경우도 있다. 일반 직장인 입장에서는 비교적 고비용의 사교장이긴 하지만, 당신이 임원급 이상이 되면 고려해 볼 만한 코스다.


## 자기장 인맥 기술

자기장을 이용한 인맥 구조 설정이다. 지구는 거대한 자석이고 우리는 그 자기장의 힘에 둘러싸여 살아간다. 그리고 좋은 모임에는 좋은 기운의 자기장이 흐른다. 당신이 좋은 스펙이나 명문대 학벌이 있다면 이를 적극 활용하는 것도 하나의 방법이 될 것이다. 당신이 가진 스펙이 충분히 훌륭하기 때문에 상대는 기꺼이 응해 줄 것이다.

만약 당신의 스펙이 다소 불리하다면 조금 더 적극적으로 움직이거나 괜찮은 스펙의 주변 지인을 끌어들여 묻어가는 방법도 괜찮다. 조폭 영화를 보면 무명의 싸움꾼이라 해도 보스가 인정해 주면 졸개들이 바로 "형님!"으로 인정하는 장면이 나온다. 이처럼 사교 모임이나 비즈니스 미팅에서도 누구의 소개로 왔는지가 아주 중요하다. 주목을 받으려면 그 모임의 실력자의 후광으로 입성하는 게 좋다. 내가 작을 때는 큰 자기장을 이용하는 것이다.

### 주도적 만남

만남은 낚시터가 아니다. 갑이든 을이든 누군가의 연락을 기다릴 것 없다. 남이 만나고 싶을 때 만나 주는 식은 그들의 의도에 끌려가는 것이다. 만나고 싶은 사람이 있다면 내가 먼저 연락하자. 그래야 만남을 주도할 수 있다. 대부분 사람들은 상대에게 전화가 올 때까지 기다린다. '목 마른 사람이 우물 판다'는 속담을 금과옥조처럼 고수하며 상대가 원해서 내가 만나 주는 게 유리하다고 생각한다. 하지만 그럴 경우 내가 갑이라도 상대방의 계획과 주도대로 움직일 가능성이 크다. 친구든 상사든 사장이든 내가 준비된 상태에서 상대방에게 연락을 하자.

### 관계의 완급 조절

인간관계에서 완급 조절은 열정을 조절해서 관계의 깊이를 더하는 기술이다. 사람들은 주로 일정에 따라, 필요에 따라 약속을 정하지만 향후 몸 상태나 기분에 따라 조정하기도 한다. 감정 때문에 관계에 변화가 생길 수 있는 것이다. 그래서 만남에도 완급 조절이 필요하다.

관계도 생로병사의 사이클이 있다. 감정의 욕구에 따라 관계의 깊이, 수명이 결정된다. 예컨대 연인 관계에서도 잦은 만남, 불같이 열정적인 만남은 그 속도만큼 빠르게 사그라든다. 반대로 천천히 지속되는 관계는 수명도 길다. 이런 점에서 만남의 빈도, 시간, 열정의 적당한 조절과 절제가 필요하다.

모임도 고만고만한 사람끼리 모이면 고만고만한 일만 생긴다. 특별한 사람, 특별한 친구끼리 모이면 특별한 일이 생긴다. 그러므로 각 모임의 결과를 미리 예상할 수 있다. 조용히 살고 싶을 땐 조용하고 차분한 사람을 만나고, 삶에 변화가 필요하고 생기가 필요할 땐 에너지 많은 사람을 만나자. 이런 선택적 만남은 나에게 여유를 주고 외부 관계를 통해 나의 내부를 정화하고 조절할 수 있는 힘을 길러 준다. 스스로에게는 생각하는 시간을 줄 수 있어 좋고, 상대방에게는 나의 준비된 모습을 보여 줄 수 있어 좋다.

# 종잣돈
# 1억 원은 필수다


"가난하면 적(敵)을 선택할 수 없다. 우선은 가난에 지배당하고, 결국에는 운명에 지배당한다."

프랑스 소설가 앙드레 말로의 말이다. 우리가 겪는 대부분의 불행은 가난 때문에 온다. 가난은 처음에 물리적 자유를 뺏고 차츰 정신적인 자유까지 앗아 간다. 그러다 가난이 삶의 유일한 적이 되고, 가난을 벗어나는 것이 유일한 목표가 돼 버리는 것이다. 그런 사람에게 다른 여유는 있을 수 없다. 이것이 바로 우리가 돈을 가져야 하는 근본적인 이유다.

돈은 욕망을 현실로 만들어 주는 최고의 도구다. 지금 세상은 돈으로 해결 못하는 일이 거의 없다. 우리는 살면서 여러 가지 돈 쓸 상황을 맞이한다. 학자금, 결혼, 양육, 내 집 마련, 노후 자금, 자녀의 결혼 등 인생 주기에 따른 이슈들과 갑작스런 사고나 지병으로 인한 돌발 지출들이 있다. 그래서 중장기적인 지출 계획과 별도의 자산 마련 계획이 있어야 한다. 돈으로 구질구질해지지 않기 위한 방어적인 재무 전략, 바로 종잣돈 계획이다.

## 왜 1억 원인가?

1억 원은 단순한 액수가 아니다. 부자로 가는 첫 자산 단위이며 1억 원을 모으는 과정에서 자신만의 돈 관리 방법과 절제력을 기를 수 있다. 직장인에게 1억 원이 있느냐 없느냐는 하늘과 땅 차이다. 종잣돈 1억 원이 운명을 바꾼다. 가능하면 30대 이전에 생애 최초의 1억 원을 거머쥐어야 한다. 그렇다면 왜 1억 원인가? 종잣돈 1억 원의 의미를 좀 더 구체적으로 살펴보자.

### 숫자에 상징성과 안정감이 있다

아무리 화폐 가치가 떨어지고 물가가 오른다 해도 1억 원은 결코 적은 돈이 아니다. 1,000만 원은 몇 달이면 모을 수 있다는 비교적 만만한 숫자인 반면 1억 원은 쉽게 모을 수 없는 거대한 숫자다. 특히 직장인의 통장에 1억 원이 있다는 심리적인 안정감은 1억 원을 가져 보지 못한 사람이 느낄 수 없는 벅찬 감정이다. 단순히 통장 잔고가 아니라 수년의 피나는 노력의 결과이며 하나의 업적이 되는 것이다. '위대한 1억 원'이다. 1억 원은 단순한 숫자가 아니라 당신의 운명을 바꾸는 마법의 숫자다.


## 절제력과 자신감을 길러 준다

몇 백, 몇 천만 원 정도의 목돈은 주로 가구, 냉장고, TV를 사거나 집을 살 때 보태는 용도로 쓰일 가능성이 크다. 하지만 1억 원은 쉽사리 쪼개서 허투루 쓸 엄두가 나지 않는 '메인(Main) 돈'이다. 큰돈을 쪼갰다가 흔적도 없이 사라진 경험은 누구나 한 번쯤 겪었을 것이다. 그래서 한번 1억 원을 마련하면 자신감과 함께 그 돈을 깨지 않으려는 강한 절제력과 방어 본능이 생기는 것이다.

한편, 직장인에게 1억 원 현금이 있다는 것은 자신감의 원천이 되고 품위 유지에 큰 도움이 될 수 있다. 사회생활에서 흔히 있을 수 있는 각종 불법의 유혹이나 부패의 고리도 당당하게 거절할 수 있고 돈 때문에 생기는 비굴한 상황에서도 비교적 자유로울 것이다.


## 돈을 운용하는 방법이 달라진다

1억 원은 돈의 가치와 운용 방법이 달라지는 전환점이다. 1억 원까지는 누구든 먹을 것 안 먹고 열심히 절약하면 손에 잡힐 수 있는 액수다. 하지만 그 이상으로 돈을 불리려면 구두쇠 전략으로 한계가 있다. 100억 원, 1,000억 원대 부자는 '티끌 모아 태산' 정신으로 된 부자가 아니다. 작은 돈은 사람이 벌지만 큰돈은 돈이 돈을 번다. 돈이 채권, 펀드, 부동산 등에 투자하는 수단이 되면 돈의 가치와 성격이 180도 달라진다. 금융 기관에

1,000만 원을 가져갔을 때와 1억 원을 가져갔을 때 받는 대우는 분명 다르다. 같은 돈이지만 '통장 잔고'에서 벗어나 '투자 수단'으로 가치가 전환됐기 때문이다. 1억 원까지는 모으는 축(蓄)의 단계였다면 1억 원부터는 기술이 필요한 술(術)의 단계다. 차곡차곡 쌓는 산술적 방식에서 눈덩이 굴리기 방식으로 전환하려면 새로운 학습과 정보망이 필요하다. 이제부터는 은행 외에 증권사, 제2금융권, 사모펀드 등 새로운 금융 세계를 알아야 자산가로서의 첫걸음이 시작된다.

가능하다면 조금이라도 젊은 나이에 1억 원을 마련해서 투자 감각을 익히는 게 좋다. 세계적인 부자 민족이자 재테크 민족인 유대인은 성년식에 주변 친인척들이 선물 대신 장차 사업할 종잣돈을 모아 주는 관습이 있다. 일찍이 종잣돈의 효용과 돈의 운용법에 대한 필요성을 깊이 인식한 조기 교육인 셈이다.

## 레버리지가 가능하다

레버리지 효과란 기업이나 개인 사업자가 타인의 자본을 지렛대처럼 이용해 자기 자본의 이익률을 높이는 것이다. 최근 유행어가 돼 버린 일명 갭(Gap) 투자다. 예컨대 현금 1억 원과 대출금 2억 원을 합해서 3억 원짜리 부동산을 매입하고 4억 원에 팔았다고 해 보자. 1억 원을 투자해서 1억 원을 벌었으니 단순 수익률은 100%다. 2억 원이라는 레버리지가 없었다면 이런 수익률은 얻기 힘들다. 1,000만 원 단위의 액수로 부동산 투자는 어림도 없고 레버리지 효과도 기대하기 어렵다.

## 1억 원부터 자기장이 생긴다

돈에도 자기장이 있다. 1억 원은 돈의 자기장이 형성되는 최초 단위다. 자석이 주변의 쇳조각을 모두 끌어당기듯이 1억 원이 모이면 그다음부터는 돈이 돈을 부른다. 각종 투자 정보와 좋은 조건의 재테크가 줄을 선다. 은행과 금융 기관에서 당신의 돈에 아부하는 것이다. 정의 구현 관점에서 보면 가난한 사람들에게 돈을 빌려주거나 이자를 싸게 적용하는 게 맞다. 하지만 현실에서는 돈 있는 사람에게 더 많은 돈을 빌려주고 이자 조건도 더 좋다. 가난한 사람은 은행에서 돈 빌리기조차 어려워 금리가 훨씬 높고 상환 조건도 좋지 않은 제2금융권이나 사채를 쓴다. 큰 힘이 있는 곳에 작은 힘들이 모이는 물리 법칙처럼 1억 원은 큰 힘으로 가는 출발점이다.

## 직장인의 1억 원 만들기 로드맵

1억 원은 5년 안에 만드는 게 가장 이상적이지만 급여에 따라 한 달에 160만 원을 저축하기 어려울 수도 있다. 하지만 그런저런 사정을 다 감안하면 아무것도 할 수 없다. 미래를 위해 현재를 얼마나 희생할 것인지가 쟁점이다. 다음은 직장인의 월급으로 1억 원을 만드는 세 가지 방안이다. 각자의 처지와 상황에 맞게 고민해 보기를 바란다.

1안: 160만 원×60개월(5년)=9,600만 원+이자=1억 원, 기간 5년

2안: 80만 원×60개월(5년)=4,800만 원+이자=5,000만 원×2회, 기간 10년

3안: 50만 원×60개월(5년)=3,000만 원+이자=3,000만 원×3회, 기간 15년

# 스테이(Stay)
# 또는 점프(Jump)

새로운 표준인 뉴노멀의 시대가 왔다. 시대가 변하면 게임의 규칙도 바뀐다. 규칙이 바뀌면 살아남기 위해 행동도 달라져야 하고 새로운 선택을 해야 한다. 직장인이라면 새로운 직장에 취직, 다른 직장으로의 이직, 퇴직 등을 고려할 것이다. 크게 보면 머무르거나(Stay) 옮기거나(Jump) 중 하나를 골라야 하는 갈등이다. 만약 머무르기로 했다면 다음 두 가지 질문에 답해야 한다.

'내가 우리 회사 제품을 자부심을 갖고 이용하고 있는가? 아니면 타사 제품을 선호하는가?'
'잘 아는 친구에게 이 회사를 자신 있게 권유할 수 있는가?'

현재 다니고 있는 직장에 대한 자부심을 묻는 질문이다. 자신 있게 답할 수 있다면 당신은 이 회사에 머무는 게 좋을 것이고, 그게 아니라면 이직을 하는 게 좋겠다.

이직의 기준이 무엇인가? 돈인가? 경력 쌓기인가? 안정성인가? 워라밸인가? 보람인가? 명예인가? 이는 직업의 가치를 따지는 기준, 이직의 현실적 득실과 철학에 관한 질문이다. 하지만 떠나고 싶어도 여건이 맞지 않아 어쩔 수 없이 머무르는 경우도 있다. 웹툰 원작인 인기 드라마 〈미생〉에서 이런 대사가 나온다.

"회사가 전쟁터라고? 밖은 지옥이다."

현실적으로 당장 퇴사하기도 어렵고 하니 어지간하면 나가서 생고생하지 말고 지금 자리 잡는 게 좋다는 뜻이다. 어쨌든 떠날 수 없다면 적응해야 한다. 현재 상황을 인정하고 적합한 대응책을 찾아야 할 것이다.

## 나에게 딱 맞는 직장은 없다

아킬레 카스틸리오니의 대표작 셀라 스툴(Sella Stool) 의자는 시사하는 바가 크다. 그는 "전화를 받을 때 난 이리저리 움직이고 싶기도 하고 앉고 싶기도 했어"라고 이 작품의 의미를 설명했다. 이 괴상하게 생긴 외다리 의

자는 안장과 반구형 쇠 덩어리를 파이프로 연결했다. 그래서 앉는다는 '정적 행위'와 움직인다는 '동적 행위'를 동시에 할 수 있는 의자다. 내가 이 의자를 소개하는 이유는 우리의 직장 생활이 딱 이 의자 같기 때문이다.

누구든 자기에게 딱 맞고 편안한 맞춤형 직장은 없어 보인다. 복지 좋고 봉급이 높으면 업무 강도가 세거나, 불법을 강요하거나, 굴욕적이거나, 위험한 일을 맡는다. 일이 편하고 자유로우면 고용 형태가 불안하다. 회사도 좋고 일도 마음에 들지만 거리가 멀 수도, 상사의 성질이 고약할 수도 있다. 그래서 다들 자기 직장에서 엉덩이가 반쯤 떨어져 있는 것이다.

직장인이 하는 생각은 '스테이 또는 점프'다. 그런데 두 가지 중 하나만 선택하는 것이 가능할까? 말은 쉽지만 행동하기는 어렵다. 그래서 대부분의 직장인이 이 두 가지를 동시에 염두에 둔다. 카스틸리오니 의자처럼 어정쩡하고 불편한 자세다. 썩 내키지는 않지만 당장의 밥벌이가 급하니 꿈은 잠시 접고 현실과 타협한다. 그러면서도 좋은 때를 기다리며 양다리를 걸친 상태다. 신입 사원의 경우도 다를 바 없다. 내가 원하는 회사에서는 나를 받아 주지 않고, 어쩌다 나를 받아 주는 곳에 가 보면 내 맘에 안 든다. 가수 015B의 노래 〈신인류의 사랑〉에서 이런 가사가 나온다.

맘에 안 드는 그녀에게 계속 전화가 오고
내가 전화하는 그녀는 나를 피하려 하고
거리엔 괜찮은 사람 많은데 소개를 받으러 나간 자리엔

어디서 이런 여자들만 나오는 거야

회사 취업도 이와 비슷하다. 세상은 당신이 이 자리에 계속 머물든, 새로운 직장을 갖든 끊임없이 선택하게 만든다. 이직하는 것도 선택이고, 기회를 노리며 어정쩡하게 머물기로 한 것도 선택이다.

# 회사에 얽매이지 않는 긱 이코노미를 준비하라

　　미래학자들은 미래에는 직업이 큰 의미가 없어질 것으로 전망하고 있다. 직업이란 세부적으로 보면 '기능'이다. 그리고 많은 기능은 첨단 기술의 발전으로 인공 지능과 로봇으로 대체될 것이다. 《5년 후 당신의 일자리가 사라진다》의 저자 강규일은 "당신이 지금 알고 있는 직업은 머지않아 대부분 멸종할 것이다"라고 했다. 고용의 종말을 예고한 것이다.

　　또, 다빈치연구소의 토마스 프레이 소장은 2030년이 되면 자동화로 인해 20억 개의 일자리가 사라지고 〈포춘〉 500대 기업을 비롯해 전통적 대학 중 절반이 문을 닫을 거라고 전망했다. 그는 앞으로 20년간 10만 개 이상의 새로운 산업이 생길 것이며, 향후 10년을 "인류의 삶을 바꿀 신기술의 혁명기"로 규정했다. 노동자가 한 회사에서 수십 년간 정규직으로 일하는 근로 형태는 사라지고 '긱 이코노미(Gig Economy)'가 보편화되는 것이다.

긱 이코노미는 4차 산업의 흐름과 디지털 노동 플랫폼의 발전에 힘입어 회사에 얽매이고 싶지 않는 밀레니얼 세대의 성향에 딱 들어맞는다. 노동 시장도 기존의 정규직 구조에서 앞으로는 기업 상황에 맞게 긱 워커를 고용할 것으로 전망한다.

긱 워커의 보편화는 고용 시장의 활성화로 이어진다. 미국에서는 이로 인해 고급 인재를 영입하려는 경쟁도 치열해졌고 이직율도 증가했다. 미국 경제 전문 매체 비즈니스인사이더(BI) 보도에 따르면 실리콘밸리 기업들이 억대 연봉, 스톡옵션, 최고의 근무 환경과 복지를 제공함에도 인재들의 평균 근속 연수는 3년이 채 되지 않는다. 에어비앤비 2.6년, 페이스북 2.5년, 테슬라 2.1년, 구글 1.9년, 우버 1.8년, 아마존 1.8년이고 넷플릭스 3.1년, 구글 지주 회사인 알파벳이 3.2년으로 3년 언저리다.

우리 모두가 지금 당장 긱 워커가 될 수는 없겠지만 장기적으로는 미리 준비하는 게 좋겠다. 직장을 다니면서 힘들겠지만 전문 교육을 받는다거나, 자격증을 딴다거나, 책 쓰기, 외부 강의를 나가는 것 등 분야를 하나씩 늘려 가는 것이다. 긱 워커가 된다는 것은 자유로운 '을'로 가는 수단 중 하나고 시대 흐름을 타는 노력이기도 하다.

미래학자 최윤식 박사는 그의 최신작 《당신 앞의 10년》에서 "변화는 무질서하게 일어나지 않는다. 변화에는 원리와 질서가 있다. 미래 노동 시장의 변화도 원리와 질서 아래에서 일어난다"라고 했다. 따라서, 직장인들의 움직임도 부산하다.

2020년 코로나19로 인해 불안정한 고용 시장에 불안을 느껴 공부하는 직장인이 늘고 있다. 학습의 종류에도 큰 변화가 있다. 2020년 5월 11일 중앙경제 보도에 의하면 과거에는 영어, 중국어 등 어학 공부나 야간과 주말에 듣는 MBA과정이 인기였지만 최근에는 포토샵, PPT, 동영상 편집, 기획서 작성법 등 실무 능력을 키우는 강의의 수요가 급증하고 있다고 한다.

## 공채를 줄이고 긱 워커를 고용하는 기업들

기업들의 공채 폐지가 가속화되고 있다. 구인 구직 플랫폼 사람인에 따르면, 2020년 4월 기준 428개 기업의 78.7%가 상반기에는 수시 채용만을 진행했다. 대기업의 경우 60%가 수시 채용만 하겠다고 응답했는데 이는 2019년 16.7%에서 43.3% 포인트나 상승한 수치다. 중견 기업은 75.4%, 중소기업은 81.1%가 수시 채용만 진행할 계획이라고 밝혔다.

그동안 대부분의 회사에서는 공채와 정규직 중심으로 직원을 채용해 왔다. 과거 고도성장을 이루던 시기에 우수한 인재를 확보하기 위한 관행이었다. 하지만 직무 전문성이 높아지면서 IQ 테스트, 적성 검사, 인성 검사로는 직무에 최적화된 인재를 확보하는 데 한계가 생겼다. 고용 유지비 증가, 노조 문제, 퇴직의 경직성 등 고용 리스크가 기업의 채용 의지를 꺾자 일부 기업은 점점 공채 비중을 줄이고 외부 전문가를 단기간 고용하는 방식으로 전환하고 있다. 그동안 고용 리스크에 대해 마땅한 묘안을 찾지 못하다가 긱 워커가 대안이 된 것이다.

이런 현상은 전통 고용 시장의 대변화로, 능력만 되면 이 회사 저 회사 입맛대로 갈 수 있는 환경을 조성한 것이다. 다양한 조직 문화를 경험하고 커리어를 쌓으면서 가끔 여가도 즐기는 것이 이 시대 직장인의 로망이다. 한마디로 능력 있는 직장인에게는 자유와 해방이 시작되고 전문가 전성시대가 열린 것이다.

한편으로는 고용 불안으로 이어질 수 있는 측면도 있다. 하지만 이는 채용과 취업의 균형을 맞추기 위한 자연스러운 흔들림이다. 과거 전인적이고 보편적인 장기 근속 직원을 뽑는 형태에서 전문적이고 단기간의 직원 채용으로 시대 흐름이 바뀌는 만큼 우리도 회사에 얽매지 않는 긱 워커를 준비해야 할 것이다.

# 이 시대는
# 제너럴리스트가
# 필요하다

바야흐로 멀티 전문가 시대다. 좋은 직장에 취직하려면 외국어도 한 개가 아니라 몇 개 이상을 능통하게 구사해야 하고 자격증도 여러 개 필요한 세상이 됐다. 자유롭게 직장을 옮기려면 여러 개의 기능, 여러 개의 전문 능력을 가져야 수월하다. 한 가지 능력으로 살아가기에는 세상이 너무나 복잡해졌고 경쟁도 심해졌다.

스페셜리스트는 자기 분야에서 특정 기술을 갖춘 전문가를 뜻한다. 해당 분야에 상당한 지식과 경험이 있고, 능숙하고 완벽하게 일을 처리하는 사람이다. 사람들은 전공을 하면 다 전문가라고 착각한다. 전공은 전문가의 출발점이기는 하지만 그것만으로 그 방면의 전문가라 단정할 수 없다. 알고 보면 전공하지 않은 고수들이 더 많다. 《생각의 차이가 일류를 만든다》의 저자 이동규 교수의 표현을 빌면 소위 '가방끈'이 긴 자들이 전문가로 대접받지만 진짜 고수인 현장 전문가들은 냉대을 받으며 살아 왔다는 것이다. 그 결과, 정해진 답을 찾는 정답형 인간들이 문제를 해결하는 해답형 인간을 밀어내고 가치가 낮은 것이 가치가 높은 것을 몰아내는 그레셤의 법칙이 지배하는 이상한 사회가 됐다고 한탄한다.

전문가는 분업화의 결과물이기도 하다. 좁은 범위의 한정된 기술을 가졌고 자기 분야에서만 정통한 기능자다. 그래서 그 지식은 편향적일 수밖에 없다. 또한 전문가는 더 이상 100% 완벽하고 이상적인 모델이 아니다. 《전문가와 강적들》의 저자 톰 니콜스는 "전문가는 틀리지 않는 사람이 아니라 적게 틀리는 사람"이라고 말한다. 전문가도 실수할 수 있다는 점을 지적한 것이다. 특히 코로나19 위기처럼 복잡하고 예측할 수 없는 상황에서 한 분야에 한정된 지식으로는 종합적인 해결책을 내기 어렵다.

## 제너럴리스트의 조건

스페셜리스트(Specialist)에서 제너럴리스트(Generalist)의 시대로 접어들고 있다. 군대에서 별 하나를 준장이라 부른다. 준장은 자신의 병과에서 최고 지위의 전문가다. 주로 참모로 일하다가 별 둘인 소장, 별 셋인 중장으로 올라가면서 지휘관으로 변신한다. 별 넷인 대장이 되면 실무 보직(기능)은 없어지고 지휘(리더십)만 남는다. 스페셜리스트에서 제너럴리스트가 되는 것이다.

　기업에서도 관리 이사, 생산 이사, 영업 이사, 개발 이사는 각각 자기 분야에서만 전문가다. 하지만 사장은 전문 보직이 따로 없이 여러 개의 전문 분야를 넘나든다. 사장이 산업 전체를 보려면 반드시 여러 개의 전문 분야를 이해하고 모든 업무를 아우르는 제너럴리스트가 돼야 한다. 주어진 역할을 하는 것이 스페셜리스트의 일이라면, 상황 파악과 조직의 방향을 고민하는 것이 제너럴리스트의 일이다. 여기서 중요한 것은 전문가가 되지 않고서는 제너럴리스트가 될 수 없다는 점이다.

　제너럴리스트를 그저 여러 분야를 넓고 얕게 아는 사람으로 착각하기 쉬운데, 제너럴리스트는 최소한 한두 전문 분야에서만큼은 깊고 탁월한 안목을 갖춰야만 한다. 즉 멀티 전문가가 제너럴리스트의 조건이다. 특히 당신이 중간 간부라면 이 점을 꼭 염두에 두고 전문 분야를 넓혀 나가는 경력 관리 로드맵을 구상해야 할 것이다.

# 회사가 힘든 걸까,
# 사회생활이 힘든 걸까

직장인에게 퇴직은 피할 수 없는 숙명이다. 정년을 다 채우면 정년 퇴직이고, 중도에 퇴직하면 이직이다. 이직은 자발적으로 사표를 내거나 구조 조정 등으로 불가피하게 회사를 옮기는 경우다. 지금부터는 스스로 선택하는 이직을 이야기해 보겠다.

이직은 능동적이고 자기 주도적인 삶의 추구다. 그런 면에서 멋있어 보이지만 책임도 내가 져야 한다. 그렇다면 어떤 마음으로, 몇 년마다 옮기는 게 좋을까? 이직하려면 걱정되는 부분이 한두 가지가 아니다. 하던 업무의 마무리, 개인 신용 대출의 처리, 배우자와 상의도 해야겠고 그동안 신세 졌던 동료와의 관계도 살피는 등 생각할 게 많다.

경력은 최소 2년 이상 돼야 가치 있다. 1년 이내 짧은 경력은 의미가 없고 오히려 불리할 수 있다. 이런 경력은 인내심 부족, 진득하지 못한 성격,

회사 선택의 판단 능력 부족 등 온갖 좋지 않은 선입견과 상상을 불러일으킨다. 이런 경력은 차라리 과감히 삭제하고 백수나 취업 준비생으로 지냈다고 하는 게 더 나을 수 있다. 숨길 수 없다면 적당한 변명거리를 준비해야 한다. 신입 사원은 보통 3~5년 경력을 쌓아야 한 직급 정도 높여 이직할 수 있다. 통상 3년 이하는 수평 이직만 가능하다.

2020년 3월 잡코리아에서 신입 사원을 채용한 543개 중소기업을 대상으로 '신입 사원 조기 퇴사 현황'을 설문한 결과, 1년 안에 그만두는 조기 퇴사율은 20.2%였다. 이 중 절반이 넘는 55.2%가 '입사 후 3개월 이내'에 퇴사했다. 그토록 어렵게 들어간 회사를 쉽게 그만두는 이유는 뭘까?

《평생내공, 첫 3년에 결정된다》의 저자 이와세 다이스케는 대부분의 사회 초년생이 회사가 힘든 건지, 사회생활이 힘든 건지를 혼동한다고 말한다. 입사 후 3년은 누구나 고달픈 시기다. 상사의 지시는 버겁고 밀려드는 심부름은 슬슬 지겨워지고 새로운 인간관계에 적응하기도 만만치 않다. 그뿐인가. 일이 좀 늘었다 싶으면 크고 작은 외적인 문제들이 꼬리에 꼬리를 문다. 하지만 이는 사회 초년생이라면 누구나 겪는 통과 의례다. 입사 후 3년이야말로 회사원으로서의 성공 여부를 결정짓는 시기다. 회사 생활의 기본기를 배우는 때이자 제대로 된 직장인으로 성장할 수 있는지를 평가받는 시기다. 첫 직장에서의 3년을 어떻게 보내느냐에 따라 평생이 달라진다.

# 지치지 않기 위해 퇴근 후 사이다 맛보기

직장인은 보통 퇴근 후 쉰다. 만약 당신이 퇴근 후 쉬는 시간을 보상으로 생각한다면 평범한 직장인의 길을 걷고 있는 것이다. 혹은 지친 회사 생활을 잊기 위해 퇴근길에 마시고 또 마실지도 모르겠다. 기분은 리셋되 겠지만 근본적인 문제는 해결되지 않는다. 결국 문제는 방치된 채 나약해 져 가는 스스로를 보게 될 것이다.

하지만 적어도 이 글을 읽고 있는 당신은 그렇게 되고 싶지 않으리라 믿 는다. 퇴근 후는 당신의 진짜 일을 시작하는 시간이다. 새로운 인간관계를 구성하고 또 다른 직업을 알아볼 수 있는 시간이다. 퇴근 후에는 한 번도 해 보지 않은 일, 한 번도 들어 보지 못한 일에 관심을 가져 보는 것은 어떨 까? 익숙하지 않은 것들, 낯선 것들과 마주치는 것이다.

"창의성은 낯선 것에 대한 즐거움이다."

어니 젤린스키의 말을 생각하고 실천해 보는 것이다. 나는 지금 당신의 이직을 부추기는 것이 아니다. 힘든 당신의 회사 생활에 생명의 기운을 불 어넣어 주고 싶은 것이다. 이직을 하든 안 하든 이런 생각을 한다는 것만 으로도 충분히 삶에 새로운 희망과 변화가 올 것이라 믿는다. 퇴근 후 일 종의 사이다를 맛보는 시간을 즐겨 보자.

# 이직할 때
# 주의해야 할 것들

## 너무 일찍 말하지 마라

직장인이라면 누구나 이직 또는 독립을 생각한다. 만약 구체적인 계획이 생겼다면 너무 일찍 공개하지 않길 바란다. 미리 알려 봤자 득보다 실이 많기 때문이다. 남들이 눈치 채면 당신의 자리는 미리 대체될 수도 있고, 경쟁사로의 이직을 고려할 경우 정보가 유출되면 시작도 전에 주저앉을 수 있다. 사장은 당신의 유능함과 독보적인 능력을 예의주시하면서 당신이 이직할 경우를 대비하고 있다. 조직의 속성상 당신의 모든 행동은 보스의 관찰 범위 내에 있다는 사실을 늘 명심해야 한다. 왜냐하면 1인자의 일 중 가장 큰 일이 핵심 인물(임원), 요주의 인물(능력 있는 직원)의 동향을 살피는 것이기 때문이다.

그러니 퇴직한다는 말은 최후의 순간, 마지막 한 달 전까지 꾹 참아야한다. 다음에 내디딜 징검다리를 확실히 정하고 뛰자. 다시 강조하겠다. 절대 사표 쓴다는 말을 미리 하지 마라. 또, 아무리 마음에 안 들었던 직장이라도 막바지에 무단결근이나 지각 등으로 결례가 되지 않도록 퇴사 매너를 지키자. 회사를 위해 그렇게 하라는 이야기가 아니다. 당신을 위해서다. 일부 기업에서는 전 직장과 업계에 평판 조회를 한다. 특히 전문가나 중요한 보직일 경우는 반드시 한다.

## '욱' 퇴직하지 마라

이직의 동기 중 가장 경계해야 할 것 중 하나는 직장인 권태기에 찾아오는 '욱' 퇴사다. 홧김에 감정적으로 퇴사를 결정하지 말자. 구인 구직 플랫폼 사람인에서 직장인 959명에게 '직장 생활 권태기'를 주제로 설문한 결과, 직장인 10명 중 9명이 권태기를 겪었다고 응답했다. 권태기의 특징 중 하나는 잡생각이다. 문득 친구들이 다니는 직장이 좋아 보인다. '다 좋은데 연봉이 너무 적어', '야근도 많은데 수당도 별로야', '김 과장 때문에 못 다니겠어', '출근 거리가 2시간이야' 등 권태기에 자주 나오는 불평들이다. 취업하기 전에는 입사만 시켜 주면 간이라도 빼 줄 듯 충성을 맹세했지만 몇 년 다니다 보니 슬슬 단점만 보이기 시작한 것이다.

이런 불만 토로나 이직에 대한 상담은 주로 비슷한 또래의 친구들 간에 이뤄진다. 비슷한 환경과 비슷한 또래의 눈으로만 상황을 진단하면 '팔랑 귀'에 감정까지 더해져 잘못 판단할 가능성이 높다. 그래서 이직해도 또 불만이 생기고 또 이직하는 이직의 굴레에 갇히고 만다.

그래서 이직할 땐 새로운 직장에 대한 마음가짐이 상당히 중요하다. 전보다 좋은 곳이라고 생각했는데 예상하지 못한 문제점이 보이기 시작한다. 미리 알았던 단점은 오히려 더 크게 다가온다. 당연한 결과다. 이 세상에 환상적인 직장은 존재하지 않으며 당신의 달콤한 상상력도 현실과의 괴리를 부추기는 데 한몫 했으리라. 환상과 믿음이 과하면 불만이 생길 수밖에 없다.

그렇다고 가만히 참고만 있자니 마음이 답답하다. 이럴 땐 어쩌면 좋을까? 우선 전 직장보다는 불만이 적어진 것에 만족하고 이 상황을 객관적인 제삼자의 눈으로 바라봐야겠다. 당신의 불만이 어디서 시작되는지 냉정하게 판단해 보자. 연봉 때문인지, 사람 때문인지, 인생관의 문제인지, 정신적으로 힘들어서인지, 일의 난이도 때문인지, 육체적인 피로 때문인지, 그냥 직장 생활 자체가 지겨운 것인지를 파악하자. 그다음은 이 문제를 앞으로 내가 인내하고 감당할 수 있을지, 해결할 수 있는지, 지속적으로 끌고 갈 문제인지를 판단해 본다.

직장을 옮겨 다니는 것과 한 곳을 오래 다니는 것 모두 장단점이 있고, 어느 곳에서 일하든 회사의 본질적인 문제가 한두 개쯤은 반드시 있다. 그러므로 어떤 상황에서든 평정심을 유지하자. 너무 참는 것도 문제고 홧김에 퇴직하는 것도 문제다. 문제점을 충분히 분석하고 움직여야 직장 생활을 현명하게 할 수 있다. 기억하라. 움직일 때는 반드시 다음 발을 내디딜 곳을 정한 뒤여야 한다는 것을.

## 회사의 규모와 업종이 바뀔 때는 신중해라

똑같은 업무라도 스타트업, 중소기업, 중견 기업, 대기업에서 각각 요구하는 역량과 일하는 방식이 다르다. 같은 회계 업무도 회계 프로그램의 종류나 스펙이 다르고 내부, 외부, 아웃소싱 방법이 다른 것이다. 배로 비유하자면 돛단배 운항법과 항공 모함 운항법이 다른 것과 같다. 따라서 대기업에서 능력을 인정받은 직원이라도 중소기업에서는 스펙만 화려한 빛 좋은 개살구로 평가받을 수 있다. 또한 부지런한 중소기업 직원도 대기업에서는 전문성이 약해 인정받지 못할 수도 있다. 중소기업은 숲의 나무 사이를 옮겨 다니는 멀티 플레이어를 원하고, 대기업처럼 큰 조직일수록 한 그루의 나무를 열심히 보살피는 스페셜리스트를 원하기 때문이다.

대기업 출신이 퇴직해서 창업하거나 중소기업에 재취업할 경우 성공할 가능성은 매우 낮다. 왜냐하면 이들의 생각은 과거 대기업의 안락함에 머물러 있기 때문이다. 자존심과도 관련이 있다. 대부분 엘리트 출신이고 스

펙도 좋다. 중소기업이나 작은 사업장에서 자존심은 업무 추진에 방해가
된다. 또, 이들은 보통 악착같은 근성이 없다. 대기업에 비해 중소기업은
한 달 매출이 회사에 큰 영향을 미친다. 사장이 그런 마음으로 일하니 직
원도 그렇게 움직여야 버틸 수 있다. 옛날에 좋았던 직장의 관행을 유지하
려는 생각은 가장 큰 장애물이다. 외부 환경은 변했는데 본인은 그대로라
면 굶게 되지 않겠는가. 변호사로 전향한 검사도 마찬가지다. 갑의 위치에
서 권력을 휘두르다가 의뢰인의 이야기를 잘 듣고 정리해야 하고 판사를
존중해야 하면 적응하기가 쉽지 않을 것이다.

　대기업 출신이 중소기업에서 성공하려면 두 가지가 필요하다. 먼저 몸
과 마음의 낮춤이다. 하청업체 부리던 도도한 태도를 버리고 겸손한 마음
과 태도로 변신해야 한다. 억지 겸손은 금방 들통날 테니 마음으로부터 우
러난 겸손이 필요하다. 다음은 부지런히 뛰어야 한다. 대기업에서는 큰 조
직의 후광과 여러 팀원들 사이에서 당신이 잠깐 손을 놔도 티 나지 않았지
만 작은 조직에서는 한눈에 보인다.

# 이력서는
# 취업용이 아니다

　　나는 수시로 이력서를 썼고 퇴직 후에도 여전히 이력서를 쓰고 있다. 사람들은 이력서를 취업할 때 회사에 제출하기 위한 준비물로만 알고 있는데 실은 그게 아니다. 이력서는 자신에게 수시로 제출하는 '자기 보고서'가 돼야 한다. 이직을 생각하지 않더라도 이력서를 수시로 업데이트해야 한다. 대략 6개월에 한 번씩 주기적으로 자기를 들여다보면서 분석하고 업데이트하는 것이 좋다. 이렇게 준비하고 있으면 좋은 점이 있다. 갑작스런 공개 채용이나 주변에서 추천이 들어왔을 때 즉각적으로 반응할 수 있고, 상대방도 내가 곧장 반응해 주니 좋아한다. 항상 준비된 사람으로 살아가는 것이다.

　　이력서는 당신이라는 창고의 재고 조사지다. 경영 컨설턴트 스티븐 M.

샤피로가 말한 '정신적인 재고 조사'와 같다. 재고 조사란 지금 나에게 있는 것과 없는 것을 확인하는 일이다. 이력서를 수시로 쓰다 보면 능력에 대한 재고 조사를 할 수 있다. 지금 갖고 있는 능력은 무엇이고, 앞으로 할 수 있는 일은 무엇인가? 지금 이 능력이 미래에 어떤 도움이 될 것인가? 무엇이 부족하고 불필요하게 쌓인 재고는 무엇인가? 이력서를 업데이트하는 것은 자기가 가진 능력을 점검하는 시간이다.

## 이력서는 쓸 때마다 달라야 한다

이력서의 주인공은 당신이지만 독자는 회사 간부나 사장이다. 그러니 철저히 독자의 시선과 입맛에 맞춰야 한다. 그래서 이력서는 지원할 때마다 달라야 한다. 너무나 당연한 말이지만 나 역시 사람을 채용할 때 회사 이름만 바꾼 듯한 이력서를 많이 봤다. 분명 우리 회사를 지원했는데 뭔가 아귀가 맞지 않은 문장과 흐름이 보였다. 지원자가 차고 넘치는데 이런 찜찜한 이력서가 통과될까? 매일 이력서만 살펴보는 인사 담당자는 분명한 기준과 예리한 감각이 몸에 밴 사람이라는 걸 염두에 둬야 한다. 어설프게 프로를 상대하면 안 된다.

나는 세계적인 도예가 지산 이종능 선생의 전시회에 종종 초대된 적이 있다. 그의 전시는 매번 내가 '전시회장을 잘못 찾아왔나?' 싶을 정도로 작품의 성향이 크게 달라져 있었다. 그는 동양화를 그리다가 서양화를 그렸고, 추상화를 그리다가 풍경화, 정물화를 그렸다. 그래서인지 그의 작품에는 이중섭도 있고 피카소도 있고 구석기인들도 있다. 통상 작가들은 작품의 느낌이 일정하다. 장르를 바꾸는 일은 작가에게도 힘든 일이다. 나는 그가 왜 그러는지 이유가 궁금해서 질문을 던졌고 이런 대답이 돌아왔다.

"저는 매 전시회 작품들을 그때그때 소진시키고 다음 작품과 연결 짓지 않으려고 노력합니다. 만들어진 작품에서 벗어나야 새로운 작품이 머리에 들어오거든요."

그는 그동안 뉴욕, 워싱턴, 런던, 아부다비, 도쿄, 오사카 등 세계 각국에서 도예전을 열었고, 각국 최고의 큐레이터와 예술가 그리고 유명한 언론 매체를 통해 그의 독창적인 작품 세계를 알려 왔다. 그의 전시회는 매번 새롭고 독창적이다. 다른 작가들과 비교해도 독창적이지만 본인의 지난 전시와 비교해도 독창적이다.

이력서 작성도 이와 같은 마음이 필요하다. 직전에 지원한 곳의 이력서와 지금 지원하는 곳의 이력서가 달라야 한다. 내가 봤을 때 달라야 보는 사람도 다르게 본다. 근본을 바꿀 수는 없겠지만 옷차림은 바꾸자. 물론 여러 군데 원서를 넣는 과정에서 다소의 물리적인 어려움이 있을 것이다. 하지만 목표물을 정확히 규정하는 타깃 마케팅 전략처럼 철저한 선택과 집중이 필요하다. 가끔 "이력서를 100군데나 냈는데 한 군데도 답이 없어요"라는 하소연을 듣는다. 그 답답한 심경은 이해하지만 한편으로는 과연 100개의 원서를 각 회사에 맞춰 작성했는지 묻고 싶다. 상대방이 그 이력서를 보고 얼마나 마음이 동했을지 한 번쯤 입장 바꿔 생각해 볼 일이다.

당신이 인사 담당자라면 회사의 이런저런 사정까지 알고 있는 사람을 뽑겠는가, 챗봇처럼 판박이 같은 대답이나 엉뚱한 말을 주절거리는 사람을 뽑겠는가? 관점을 바꾸고 조금만 신경 쓰면 별것도 아니다. 이력서에 나열된 당신의 커리어에 그 회사를 향한 당신의 사랑을 한 줄 더하면 된다. 상대의 감정을 움직일 이력서를 쓰자. 당신이 먼저 그 회사에 관심을 가져야 그 회사도 당신에게 관심을 가질 것이다. 최소한 그 회사의 홈페이지, 사장의 신문 인터뷰, 재무제표 등은 읽고 가야 한다. 철저한 조사를 통해 성의와 노력을 보여 줌으로써 당신의 애정과 간절함을 상대가 느끼도록 하자.

# 성과도 내 본 사람이 계속 낸다

'고기도 먹어 본 사람이 잘 먹는다'는 말이 있다. 뭐든 한 번 해 본 사람이 다음에도 잘할 수 있다는 기대감에서 나온 말일 것이다. 이와 마찬가지로 회사는 성과를 내 본 사람에게 또 다른 성과를 기대한다. 늘 고기를 먹는 사람에게 같이 고기 먹자는 약속이 들어오는 것처럼 말이다. 채용자는 그 사람의 과거의 성공 이력에서 미래의 가능성을 본다. 즉, 한 번 더 그 기량을 발휘해 줄 것이라고 기대하는 것이다. 그러니 내일 당장 그만두더라도 반드시 성과는 내고 그만둬야 한다. 지금의 직장, 팀에서 확실한 성공 실적을 만들자. 이런 성공 스토리는 군인들의 무공 훈장, 암행어사의 마패와 같다. 몇 가지 사례를 살펴보겠다.

# 승패와 상관없이 스토리는 극적일수록 좋다

천하장사로 씨름판에서 이름을 날렸던 강호동은 이후 최고의 개그맨, MC로 자리 잡았다. 그를 소개할 때는 항상 '천하장사'라는 수식어가 따라붙는다. 그가 씨름 선수로서 거둔 명성이 십분 작용한 것이다. 방송인 서장훈은 프로 농구 역사상 최초로 1만 점 득점, 5,000개 이상의 리바운드를 기록한 농구 선수 출신이다. 2013년 은퇴 후에는 다수의 예능에 출연하며 인기 방송인이 됐다. 나의 첫 직업은 은행에서 일하는 프로그래머였다. 덕분에 증권사로 이직할 때는 컴퓨터 언어를 다룰 수 있는 점, 개발한 업무 성과 등이 나의 강점으로 작용했다. 사업할 때는 '코스닥 상장사 사장'이라는 딱지가 붙었다. 이런 수식은 보통 주변에서 붙여 주기도 하지만 프리랜서의 경우는 직접 스토리를 만들기도 한다.

결국 한 사람의 성공 스토리는 하나의 제품이 완성되는 것과 같다. 제품이 잘 만들어졌다면 말할 것도 없지만 그렇지 않더라도 가치 있다. 오히려 큰 실패일수록 더 잘 먹힐 수 있다. 그래서 성공 스토리든 실패 스토리든 진폭이 클수록 좋다. 극적인 스토리가 사람의 심리와 감정을 자극하기 때문이다. 나는 880억 원 매출의 코스닥 상장사 대표, 월급 7,000만 원, 연봉 9억 원, 자산 100억 원 등의 화려한 과거를 뒤로하고 급 몰락 후 빚더미에 앉아 법정 관리, 청산을 거쳐 빈털터리가 된 롤러코스터 같은 삶을 무기로 이용했다. 인생에서 실패는 가끔 유용하다. 특히 다시 재기하거나 성공을 거뒀을 때 나를 더욱 빛나게 한다.

## 스토리, 없다면 만들면 된다

다시 도예가 지산 이종능 선생 이야기를 이어가 보자. 나는 그와의 식사
자리에서 이런 말을 들었다.

"저는 스토리텔링, 이런 거 하지 않습니다. 스토리텔링은 지나온 과거
이야기입니다. 대신 저는 '스토리 메이킹'합니다."

스토리 메이킹이라니! 통상 우리는 '텔링'으로 과거를 말해 왔는데, 그는
'메이킹'으로 미래 이야기를 만들겠다는 것이다. 그 당찬 일갈에 나는 속으
로 뜨끔했다.

'나도 모르게 과거 덕 보려는 마음이 깔려 있었구나!'

따지고 보면 이 세상에 스토리 없는 사람은 없다. 못 찾을 뿐이다. 사람
은 과거 스토리를 중요하게 생각하는 경향이 있다. 과거는 현재와 이어져
있고 미래를 담보한다고 믿기 때문이다. 그렇지만 스토리를 꼭 과거에서
만 찾을 필요는 없다. 과거가 화려하면 과거를, 현재가 화려하면 현재를,

둘 다 빈약하면 미래 계획을 강조하면 되는 것이다. 단, 미래 스토리(계획, 다짐, 각오)를 읊을 때는 신통찮은 과거를 좋은 쪽으로 상상할 수 있도록 얼버무려야 한다. 이때 가장 중요한 것은 진지한 내용 흐름과 태도를 유지하는 것이다.

## 팀의 성공과 나의 성공은 다르다

스토리텔링에서 '우리' 또는 '팀'의 성공을 강조하는 사람들이 있다. 이들은 마치 자기가 모든 일을 수행한 것처럼 말한다. 하지만 이 경우는 당신이 그 팀의 리더였거나 실무자였을 때만 유효하다. 당신이 큰 역할 없이 한 명의 팀원으로만 존재했다면 팀의 승리는 당신의 커리어에 아무런 보탬이 되지 않는다. 굳이 그 스토리를 강조하고 싶다면 당신의 역할을 구체적으로 설명해야 할 것이다. 들러리 팀원이 아니라 핵심 역할이었다는 점을 강조하고 그 증거를 제시해야 한다. 단지 팀원으로 이름만 올리는 것은 그 존재감을 확인하기도 힘들고 인정받기 어렵다.

예컨대 별다른 역할 없이 논문의 제2저자로 숟가락만 올리거나 문장 하나 쓰지 않고 공저로 이름만 올리는 출간 저자들이 있다. 하지만 면접자는 당신의 화려한 이력이 빈껍데기인지 알맹이인지를 정확하게 보려 한다.

또 하나의 관점은 직장이라는 거대 조직에서 발휘한 능력과 당신의 온전한 능력을 구분해야 한다는 것이다. 능력을 인정받는 직장인들은 흔히 자기 존재나 능력을 과대평가하는 경우가 종종 있다. 조직이라는 '거인'이 부여한 권위에 익숙해져 생기는 오만과 착각이다. 그래서 대기업에 장기간 근속하던 임원이 자신의 인맥을 믿고 독립하려는 경우가 많다. 하지만 평생 나를 떠받들어 모실 것 같던 부하 직원도, 굽실거리던 하청업체들도 거인의 어깨에서 내려온 당신을 예전처럼 보지 않는다. 이익 있는 곳에 관심 있고, 권력 있는 곳에 사람 모이는 법이다. 당신이 사람을 모았다고 착각하지 마라. 지금까지 그들이 본 것은 당신이 아니라 그동안 당신 뒤에 있던 회사라는 배경이었음을 알아야 한다.

이직할 때 이런 부분을 정확히 구분하는 것이 좋다. 회사라는 조직이 당신의 업적에 어떤 배경과 역할을 했는지 알고, 거기서 당신이 개인으로서 발휘한 능력을 구체적으로 나열하고 설명할 줄 알아야 한다.

# 목적지가 다르면
# 준비도 달라야 한다

동료들과 친하게 지내는 것은 좋은 일이다. 내가 좋아하는 사람들과 일하는 것만큼 즐거운 일도 없다. 하지만 그들은 그렇게 생각하지 않을 수 있다. 우리 직장인은 주로 돈을 목적으로 모였다. 설령 지금 당신은 그렇지 않더라도 여러분의 동료들은 돈 때문에 당신을 외면할 수도 있다. 당신보다 먼저 이 직장을 떠날 수도 있고, 당신의 뒤통수를 칠 수도 있다. 한번 생각해 보자. 절친했던 과거 직장 동료들이 지금은 당신에게 얼마만큼의 애정과 의미를 갖고 있을까?

우리가 직장에서 머무는 시간이 길고 중요한 것은 사실이다. 하지만 그들에게 지나치게 몰입하는 순간 당신은 계속 그 자리에 머무를 가능성이 크다. 죽을 때까지 이 회사에 계속 남겠다면 그리해도 좋을 것이다. 그게 아니라면 다른 행동 패턴을 찾아야 할 것이다. 목적지가 다르면 준비도 달라야 한다.

　지금까지 직장 동료들과의 담화에서 당신이 얻은 게 무엇인가? 승진, 개인적인 고민, 인생의 진로 문제 등에 큰 도움이 됐는가? 응어리진 당신의 마음을 다소 풀어 줬을지언정 해결책을 주지는 못했을 것이다. 그런 고민들은 직장 외 친구들과 나누는 게 더 나을지도 모른다. 직장은 직장일 뿐, 동료들과 적당한 거리를 유지해야 한다. 퇴직이 가까워질수록 이 점을 깊이 생각해 볼 필요가 있다. 당신이 인생 2모작, 3모작을 생각하고 있다면 과거와 현재에 덜 붙잡혀야 더 큰 미래를 그려 낼 수 있다.
　하지만 사람들은 정반대로 움직이고 있다. 나이가 들수록, 퇴직이 가까워질수록 가까이에 있는 사람을 찾게 된다. 추억과 분위기에 묻혀 결국 그무리의 일부가 된다. 그래서 당신이 어울린 선배들과 비슷한 결과물을 얻게 되는 것이다. 만약 자신만의 비전을 찾고 싶다면 이런 관성과 중력의 지배에서 벗어나려는 노력이 필요하다.


## 강을 건너고 난 뒤에 뗏목은 버려라

　사람들은 지인의 소개나 추천으로 회사에 들어갈 때 결초보은의 마음으로 임한다. 소개해 준 사람에게 고마움을 느끼는 건 인간적 도리가 맞다. 그런데 간혹 회사의 중요한 보안 사항이나 경영 전략을 그 지인에게 미주

알고주알 전달해서 사장의 심기를 건드리는 경우가 있다. 의도치는 않았지만 분명 불편한 일이다. 특히 수행 비서나 총무일 경우 회사의 내부 사정과 사장의 은밀한 내면까지 알 수 있으므로 각별히 주의해야 한다.

　소개해 준 사람은 잊어야 한다. 기억하되 잊은 듯해야 한다. 그것은 배은망덕인가? 소개자에게는 고맙다는 인사와 답례로 족하다. 인연은 이어가되 기밀은 입을 굳게 닫아야 한다. 또한 자주 안부를 묻는 사이라면, 소개받은 사장에게 그런 티를 절대 내지 말아야 한다. 만약 사장이 "자네 소개해 준 그 김 이사 잘 계신가?"라고 묻는다면 "저도 연락 못 드린 지 꽤 됐습니다"라고 답하자. 물론 선의의 거짓말이다. 불필요한 상상은 단칼에 차단하는 것이 좋다.

# 이직 성공을 위한
## 체크 리스트

　　내가 충분히 경쟁력을 갖췄음에도 회사가 여전히 낮은 연봉을 유지하려 한다면 기존 고객(현 직장)과의 거래를 과감히 끊고 좋은 고객(새로운 직장)을 찾아갈 수밖에 없다. 지금 이 자리를 박차고 뜀박질(Jump)하는 것이다. 이런 도약을 위해서 당장 지금 해야 할 일은 무엇이고 3년, 10년 뒤를 대비해서 준비할 것은 무엇일까? 다음 '점프 체크 리스트'를 작성하면서 점검해 보자.

- 점수는 0~10 내에서 부여한다. (전혀 아니다 0, 보통이다 5, 전적으로 그렇다 10)
- 차이(A-B) 값이 클수록 이직 동기가 크다고 본다.
- 이직 회사를 평가할 땐 정보를 최대한 파악하고 추정한다.

## 이직 판단을 위한 점프 체크 리스트: 회사 편

| NO | 항목 | 내용 | 점수 | | |
|---|---|---|---|---|---|
| | | | A<br>이직 회사<br>(TO_be) | B<br>현재 회사<br>(AS_is) | 차이<br>(A-B) |
| 1 | 연봉 만족도 | 현재 연봉에 얼마나 만족하는가? | | | |
| 2 | 금전적 비전 | 회사의 향후 급여 수준, 보상 체계, 인센티브 유무의 미래 비전 | | | |
| 3 | 승진의 임계점 | 내가 이 회사에서 어디까지 승진할 수 있을까? | | | |
| 4 | 나와 조직의 케미 | 회사 구성원이 나의 학연, 지연 등과 어느 정도 부합하는가?<br>(출신 지역, SKY 우대, ROTC, 특수 인맥 등) | | | |
| 5 | 고용 불안 | 회사가 망할 염려는 없을까?<br>(업의 특성, CEO의 성향 등) | | | |
| 6 | 성장성 | 회사의 매출과 이익이 꾸준히 늘고 있는가? | | | |
| 7 | 롤 모델의 능력과 품격 | 대표나 직속 임원들이 따르고 배울 만한 인물인가?<br>(유니크한 기술력, 악착같은 근성, 도덕성 등) | | | |
| 8 | 조직 문화의 성숙도 | 성차별, 경어 사용 유무, 조직의 유연성, 회의 및 소통 분위기 | | | |
| 9 | 음주 문화 | 회식의 빈도, 2차 유무, 간부들의 음주 습관, 회식의 목적 | | | |
| 10 | 복지 | 복리 후생 수준<br>(휴가, 보너스, 명절 선물, 식대, 식당, 간식, 휴게실, 사무실 근무 환경 등) | | | |
| | 합계 | | | | |

## 이직 판단을 위한 점프 체크 리스트: 개인 편

| NO | 항목 | 내용 | 점수 | | |
|----|------|------|------|------|------|
| | | | A<br>이직 회사<br>(TO_be) | B<br>현재 회사<br>(AS_is) | 차이<br>(A-B) |
| 1 | 근무 강도 | 업무량, 업무 강도, 실적 압박, 스트레스 정도 | | | |
| 2 | 복지 | 출퇴근, 휴가 사용의 유연성, 복지 활성화 정도 | | | |
| 3 | 회사 위치 | 출퇴근 편의성, 소요 시간, 전철역과의 거리,<br>비용, 피로도, 회사 주변 환경 | | | |
| 4 | 자긍심 | 회사 브랜드, 평판, 건물 인테리어, 복지 등을<br>자랑스럽게 소개할 수 있는가? | | | |
| 5 | 자기 계발 | 교육, 해외 연수, 대학원 학업 병행 가능성 | | | |
| 6 | 경력 관리 | 전문성, 커리어의 연결성, 이직 시 승수 효과 | | | |
| 7 | 일의 만족도 | 업무 적성, 일의 품질, 보직의 적정성 | | | |
| 8 | 자율권 | 내가 주도적으로 일할 수 있는가?<br>(일의 범위와 권한 정도) | | | |
| 9 | 업무 협조<br>강도 | 다른 사람의 도움을 받을 수 있는가?<br>(이직 시 텃세의 강도, 동료 및 상사와의 업무<br>신뢰 정도) | | | |
| 10 | 금융 혜택 | 회사의 지급 보증, 주택 자금 대출, 전세 자금<br>대출, 자녀 학자금, 저리, 무상 금융 혜택, 우리<br>사주 제도 등 | | | |
| | 합계 | | | | |

'점프 체크 리스트'는 회사를 떠나기 전에 고려해야 할 '이직 점검 사항'들이다. 회사 측면과 개인 측면으로 구분해서 항목별로 이직할 회사(TO_be)와

현재 회사(AS_is)와의 차이(A-B)를 산정하고 합계를 내 보자. 여기에서 좀 더 디테일하고 의미 있는 판단 기준을 갖고 싶다면 각 항목별 A, B의 값에 가중치를 부여하면 된다.

# 3장

# 전략적 직장인의
# 보스 사용 설명서

## 충성은 마음보다 태도가 중요하다

# 사장은 왜
# 갑질을 하는가

나는 과거 사장이었을 때 내가 '좋은' 사장인 줄 알았다. 한참 세월이 흐르고 나는 호형호제하는 옛 직원과의 술자리에서 그때 내가 어떤 사장이었는지 물어본 적이 있다. 내심 긍정적인 대답을 기대했는데 뜻밖의 대답이 돌아오기까지 긴 시간이 걸리지 않았다.

"그때 내가 좀 까다로웠지?"
"네, 그랬죠… 사장님들이 다 그렇죠, 뭐."

내 딴에는 좋은 사장이었다고 생각했는데 받아들이는 입장에서 갑은 역시 갑이었다. 좋은 사장의 모습은 나 혼자만의 착각이었다. 결국 아무리 마음씨 좋고 훌륭한 인품을 지닌 사장이라도 사장은 사장이다. 사장들은 부정할 테지만 갑은 갑의 행태가 익숙해져서 저절로 갑질을 한다. 그가 겸손하든, 소탈하든, 동네 아저씨처럼 수더분하든 어쨌든 사장은 '사장질'한다는 것이다.

예컨대 사장은 외부 비즈니스 약속은 칼같이 잘 지키면서 사내 직원과의 약속은 언제나 최하순위로 여긴다. 고무줄처럼 10분, 1시간 연기는 물론이고 오늘 약속을 내일로 미루거나 쉽게 취소하기도 한다. 이런 행동은 사장도 익숙하지만 직원도 익숙하다. '사장님은 바쁜 분이고 나와의 약속보다 외부 약속이 더 중요한 사람'이라며 이해하는 것이다. 일종의 포기다. 상황이 반복되다 보면 습관이 되고 그게 본의 아니게 갑질이 된다.

사장의 이런 행동은 피라미드 꼭대기에 있기 때문에 생긴다. 요즘은 평등, 공정, 수평 문화, 소통 등 갑질에 반대하는 논의가 이뤄지며 사회적 분위기가 바뀌고 있다. 그렇다고 구조의 본질이 바뀐 것은 아니다. 사장은 변함없이 '갑'의 자리를 유지한다. 포장지는 바뀌어도 몸통은 앞으로도 계속 갑이다. 자본주의가 있고, 회사가 존재하고, 조직이 있고, 보스가 권한을 행사하는 구조가 계속되는 한 큰 변화가 없을 것이다.

## 사장도 한편으로 똑같은 직장인

사장도 직원도 매일 출근한다. 중소기업에서 사장과 직원은 같은 공간에서 같은 시간을 공유한다. 그는 우리 회사의 '사장'이고 나는 우리 회사의 '직원'이다. 하는 일은 다르지만 똑같이 이 회사를 위해 출근하고 일하고 퇴근한다. 그런 의미에서 그와 나는 똑같은 직장인이다. 나는 그냥 직장인이고 그는 사장이라는 이름의 직장인이다. 나는 출근해서 직원의 일을 하고 그는 출근해서 사장의 일을 하는 직장인이다. 단, 그는 나보다 급여도 많고 권한도 많고 더 바쁘다. 나는 그보다 일의 범위도 적고 권한도 적고 고민도 덜하고 봉급도 적다. 그렇다고 그가 더 행복하거나 내가 덜 행복한 것 같지는 않다. 한마디로 회사에 출근하고 있는 것만 보면 사장이나 나나 똑같은 직장인이고 동료다.

겉보기에는 그가 나를 부리고 있는 듯하지만 그가 나를 부릴 수 있는 공간과 시간은 한정적이다. 회사라는 공간에서 오전 9시부터 오후 6시까지다. 물론 공간이 바뀔 수도 있고 시간이 연장될 수도 있지만 공식적인 규칙이 그렇다. 어쨌든 이 시간과 장소만 벗어나면 나는 자유다. 사장은 언뜻 보기에 무척 자유분방한 듯 보이지만 그는 모든 업무와 일정이 회사와 촘촘하게 연결돼 있다. 친구도, 전화도, 모임도, 취미로 치는 골프조차도 죄다 회사와 관련돼 있다. 회사와 무관한 일이라고는 손톱만큼도 없어 보인다. 육체적인 자유는 나보다 훨씬 더 많아 보이지만 정신적인 여유는 나와 별반 다르지 않은 것이다.

# 을이라고
# 기죽지 마라

'돈이 많으면 걱정이 없을 것이다.'

'회장님에게도 설마 갑이 있을까?'

피라미드 구조 최상단에 위치한 보스는 완벽한 갑일까? 우리의 큰 착각 중 하나는 크고 화려한 사람들, 윗분들이 절대 갑일 거라는 환상이다. 이것은 마치 고급 레스토랑에 밥 먹으러 오는 사람을 전부 부자로 생각하는 것과 같다. 그중에는 진짜 부자도 있고, 무리해서 오는 가난한 연인도 있으며, 난생 처음 오는 촌뜨기도 있다. 각자 사연은 다르지만 같은 시간, 같은 공간에 있기 때문에 오는 착시다.

나도 그런 환상에 빠진 적이 있다. 내가 처음 외국행 비행기를 탔을 때 탑승객 전부가 부자처럼 보였던 적이 있다. 처음 타 보는 비행기였고 외국에 가는 것 자체가 멋지게 보였기 때문이다. 알고 보면 재력과 상관없이 각자의 목적을 위해 떠나는 여행객들일 뿐인데 말이다.

사장도 알고 보면 가끔은 을이고 먹이 사슬의 하층이다. 사장에게도 갑이 존재한다. 대기업 산하에는 1차, 2차, 3차 등의 협력 업체가 있다. 또 겉보기에는 번듯한 사장, 회장, 병원장 명함을 갖고 있지만 친인척의 도움으로 사장직에 올랐거나 투자자 덕분에 병원을 개설한 원장도 있다. 마찬가지로 공무원도 지시를 받고 지시를 하는 구조다. 독립된 기관일지라도 영향력 있는 외부 인사의 입김에서 자유롭지 못하다. 모두가 먹이 사슬의 먹잇감인 셈이다.

인간 피라미드 최상단에 있는 왕, 한 나라의 대통령도 무소불위처럼 보이지만 결국은 여론과 민중의 눈치를 본다. 바깥에서 떵떵거리는 당신의 보스도 내가 모르는 곳에서는 조종과 제어를 받는 존재다. 결국 지위가 높든 낮든 먹이 사슬에서 완벽히 자유로운 인간은 아무도 없다. 사장, 임원, 직원 누구든 더 잘난 것도 없고 더 못난 것도 없는 '같은 인간'이다.

## 갑과 을은 인간이 만들어 낸 관념이다

여러 관계 속에 얽혀 살아가는 우리들은 각자 누군가의 갑이고 누군가의 을이다. 사장이 나에게 유달리 큰 갑으로 느껴지는 이유는 그가 나의 직접적인 상사이기 때문이다. 우리 회사에서는 그가 보스지만 그렇다고 생각의 깊이나 인격이 나보다 우월하다고 규정할 수 없다. 같은 비행기를 타고 있다고 해서 같은 수준의 인간이 아닌 것처럼 말이다. 각자가 쌓은 콘텐츠의 보따리도 다르고 사는 세계와 차원도 다르다. 따로 흘러가는 두 가닥의 시간이 우연히 겹쳐 지금 만난 것뿐이다.

우리에게 익숙한 관념에서 조금만 벗어나면 수많은 갑과 을이 움직이는 다차원의 세상을 볼 수 있다. 이 세상은 사람들의 수만큼의 세계가 존재한다. 우리는 여러 세상에서 갑과 을의 관계로 만나 살아가는 것이다. 그래서 누구나 때로는 갑이고 때로는 을이다.

우리는 그 하찮은 '갑'의 위치에서 우쭐하고 별것 아닌 '을'의 위치에서 쪼그라든다. 돈, 학벌, 스펙, 지식, 생각, 철학, 능력, 외모, 힘, 성별, 나이, 고향, 상황, 역할에 따라 갑의 종류는 다양하다. 주관적일 때도 있고 객관적일 때도 있다. 감정적일 때도 있고 이성적일 때도 있다. 따지고 보면 세상 사람들은 모두 을이다. 힘든 을, 덜 힘든 을이 있을 뿐이다. 한마디로 갑과 을은 우리들이 만들어 낸 관념이다.

그러니 순간의 갑과 을로 일희일비할 필요 없다. 그냥 주어진 상황을 인정하자. 나의 위치를 때로는 받아들이고, 때로는 밀치고, 때로는 활용하면 된다. 유리하거나 불리한 입장에 매몰되는 것보다는, 역지사지의 자세로 상대의 고민을 이해하고 국면을 읽는 것이 중요하다. 마치 장기판에서 전체 상황을 파악하듯 세상을 바라봐야 한다. 각자 주어진 위치에서 주어진 기능을 발휘하며 움직이는 말처럼 말이다. 결국 보스나 당신이나 똑같은 인간이니 서로 존중은 하되, 기죽지 말고 살자.

# 직장인과 사장의 머릿속은 어떻게 다른가?

직장인과 사장은 생각이 많이 다르다. 지피지기를 위해 이 생각 차이를 좀 더 심도 있게 살펴보자.

**직장인은 완장에 연연하고 사장은 수익에 허리를 굽힌다**

사람은 욕심과 성향에 따라 예민한 지점이 다르다. 직장인은 완장에 연연하고 사장은 수익에 집중한다. 직장인은 주어진 직급을 호칭으로 쓰지만 사장은 마음만 먹으면 스스로 호칭을 만들 수 있다. 완장을 성취로 생각하는 사람과 언제든지 만들 수 있는 사람은 완장을 바라보는 관점이 다르다. 그래서 직장인은 주어진 직위에 따라 기분이 달라질 수 있지만 사장은 그렇지 않은 것이다.

중소기업 사장은 의도적으로 거래처 담당자들과 직급 수준을 맞추기도 한다. 사장 A는 거래처를 방문할 때면 과장 명함을 내민다. 직함이 사장이라면 상대방이 심리적 부담을 느낀다는 것을 알고 처신한 것이다.

나이를 의식해서 생긴 사례도 있다. LED 렌즈 업체 아이엘사이언스의 송성근 대표는 한 신문 인터뷰에서 자신이 25살일 때 대리 명함으로 영업을 하다가 계약 직전에 사장이라고 밝혔다고 말한다. 그가 몸담은 업계의 보수적인 분위기상 당시 20대 사장은 인정받기 어려웠기 때문이다. 송대표는 2020년 현재 최연소 코스닥 기업 CEO다. 사장은 자신의 호칭이 대리든 과장이든 수익만 보장되면 개의치 않는다.

## 인간관계를 바라보는 눈이 다르다

사장은 사람을 만나는 일이 곧 사업이다. 하지만 많은 사람을 만나고 좋은 관계를 유지하다가도 더 이상 수익이 나지 않는다고 판단하면 관계 수준을 한 단계 낮추고 기다린다. 적극적인 만남에서 잠재적인 관계로 전환하는 것이다. 하지만 미래에 수익이 기대되는 관계라면 비용을 들여서라도 유지한다.

사업에서는 관계를 유지하는 것도 비용이다. 일반적 시각으로 보면 상당히 이기적으로 보일 수 있지만 수익 중심으로 일하는 사장 입장에서는 당연한 선택이다. 원청사 담당자와 협력 업체 사장간에 흔히 생기는 분쟁의 원인이 대개 이렇다. 한마디로 사장과 직원은 인간관계를 보는 눈이 다르다. 만약 거래가 끝나도 관계를 유지하는 사장이 있다면 이는 의리가 아니라 상대방에게 미래 수익을 약속받았거나 확신하고 있음을 의미한다. 또한 지위 고하를 막론하고 사업에 이득이 되는 사람은 누구나 만난다. 만남의 기준은 오직 사업과 돈이다. 방식이 세련돼지고 있긴 하나 본질은 변하지 않는다.

반면 직장인은 비교적 인간적으로 동료를 대한다. 즉, 직장인은 신뢰도나 상대방의 직위를 기준으로 사람을 만난다. 직급이 비슷한 사람들 또는 그 이상이 되는 사람들과 교류하기를 좋아한다. 같은 직장에서도 대리는 대리끼리, 팀장은 팀장끼리, 임원은 임원끼리 모이는 경향이 있다. 물론 연령대가 비슷한 탓도 있지만 단지 그런 이유만은 아니다. 자기 수준을 낮추고 싶지 않기 때문이다.

## 직원은 과정에, 사장은 결과에 관심을 둔다

직장인은 일이 잘못될 경우 상사의 문책을 가장 두려워한다. 인사 고과에 치명적이기 때문이다. 그래서 상사가 정한 시간과 회사의 룰을 지키는 것이 중요하다. 결국 최종 목표는 이 일을 통해 상사의 만족감을 얻어 내는 것이다. 최악의 경우, 일이 실패해도 상사의 눈에 들기만 하면 그만이다. 또한 혹시 모를 실패의 문책을 피하기 위해 과정마다 보고하기도 한다. 직원에게 보고는 단순히 상부로의 정보 전달 이상의 수단이 된다.

반면, 사장은 과정에는 그리 무게를 두지 않는 편이다. 흔히 직원들의 보고가 잦아지면 "됐어, 이제 보고는 그만하고 그 시간에 일이나 더 열심히 해"라고 말하는 경우가 바로 그것이다. 과정 보고보다 최종 결과나 성공에 더 관심을 갖는다.

또한 행복의 방향과 도착지도 서로 다르다. 직장인은 정해진 퇴근 시간이 있어 칼퇴근이 가능하다. 그리고 퇴근 후에는 회사 일을 생각하지 않는다. 하지만 사장은 퇴근 후에도 일을 생각하고 술을 마시면서도 회사를 생각한다. 무한 책임, 무한 근무다. 쉬는 날도 마찬가지다. 책임 측면에서 직장인은 홀가분하다. 삶에 쉼표가 있고 안정된 직장이라면 훌륭한 워라밸도 가능하다. 그게 직장인의 행복이라면, 사장은 사업 결과에서 행복을 얻는다.

### 직원은 자리 보전, 사장은 자리 축소

샐러리맨은 자리를 보전하기를 원하고 사장은 자리를 줄이려 한다. 샐러리맨은 할 일이 없어지면 실직하게 되므로 자리에 방어적이고 예민하게 반응한다. 그래서 자기 업무를 적당히 부풀려 편하게 일하려는 경향이 있다. 3시간이면 할 일을 5시간 동안 할 수도 있고 일반적인 업무도 자기만 할 수 있는 것처럼 부풀린다. 반면 사장은 자리를 축소해야 인건비를 줄일 수 있으므로 한 직원이 여러 사람 몫을 해 주기를 원한다.

### 회사 이익과 개인 이익이 충돌할 때

중요한 미팅이 잡혔는데 집에 보일러가 터져 물난리가 났다면 미팅을 연기하고 긴급 휴가를 낼 것인가, 미팅을 끝내고 처리할 것인가? 이처럼 직장인은 회사 이익과 개인 이익의 충돌로 가끔 고민에 빠진다. 예컨대 회사의 재무 개선을 위해 자기 업무를 일부 포기해야 하는 경우다. 자리 보전과 회사의 이익 중 하나를 선택해야 한다. 이 경우 대개는 적당한 핑계를 들어 자신의 업무를 계속 유지한다. 또, 어떤 일을 수주하면 회사에 엄청난 수익이 기대되지만 실패하면 돌아올 문책과 추가 업무가 두려워서 수주를 반대하는 사례도 있다.

## 직원은 규정을, 사장은 효과를 중시한다

비용 지출에 대해 직장인은 회사가 정한 회계 규정이나 미리 계획한 예산을 벗어나지 않으면 잘하고 있다고 생각한다. 팀 회식 예산이 100만 원인데 70만 원을 썼다면 나머지 30만 원을 2차, 3차에서 기어코 다 소비하려는 경향이 있다. 이에 반해 사장은 100만 원 중 30만원이 남으면 당연히 더 이상 쓰지 않으려 한다. 하지만 100만 원으로 직원들이 아쉬워한다면 추가 지출도 마다하지 않는다. 사장은 돈이 효과적으로 쓰이기를 원한다. 즉, 직장인은 돈을 쓸 때 규정을 생각하고 사장은 효과를 따진다. 업무도 마찬가지다. 직원은 규정에 매이지만 사장은 규정을 개정해서라도 일을 추진하려 든다. 직원은 규정 속에 있고 사장은 규정 밖에 있다.

# 직장 생활은
## 연극이다

　세익스피어는 인생을 한 편의 연극이라고 했다. 당신은 그렇게 생각하지 않더라도 그리 생각하는 게 속 편할 때가 있다. 주로 나에게 선택권이 거의 없을 때다. 선택적으로 본심과 다르게 행동할 수 있다면 불리한 상황을 부드럽게 만들거나 반전시킬 수 있다.

　연극에는 역할이 있다. 배우는 왕, 왕비, 노예, 시종, 장군, 군졸 등의 역할을 연기한다. 왕 역할을 맡았다고 반드시 주인공은 아니다. 현실에서도 사장보다 이사가 중요한 일을 맡기도 한다. 세금이나 위험을 피하기 위해 다른 사람의 명의를 빌리거나 유명인을 내세워 회사의 권위를 높이는 경우도 있다. 하지만 사람들은 눈에 보이는 지위에 연연하고 명함에 찍힌 '왕' 역할에 목을 맨다. 하지만 왕이 아니어도 주인공으로 빛나는 사례는 얼마든지 많다.

연극에서 중요한 것은 '배역'이 아니라 '연기'다. 영화 〈원더〉의 주인공 어기는 선천성 안면 기형으로 태어났다. 어기의 엄마 이사벨은 남들과 다른 외모로 태어난 아들에게 "이 세상에 평범한 사람은 없어. 누구나 일생에 한 번은 박수를 받을 자격이 있단다"라고 격려한다. 이 영화의 특징은 주인공이 여럿이라는 점이다. 어기의 누나인 비아, 친구 잭윌 역시 각자의 스토리로 이야기를 끌어가는 주인공이다.

직장에서 사장만 주인공이라는 생각은 편견이다. 한쪽 면만 바라본 생각이다. 따지고 보면 직원인 우리도 각 가정에서는 어엿한 가장이고 자식이며 인생의 주인공이다. 역사가 영웅들의 향연으로 남은 이유는 단지 그들이 전면에서 돋보였고, 주인공의 기준이 권력과 힘이었기 때문이다. 바둑판 위의 똑같이 생긴 바둑돌들도 어떤 것은 중요하고 어떤 것은 평범하다. 중요한 돌을 결정하는 기준은 바로 타이밍과 역할이다. 적절한 타이밍에 적절한 역할이 판을 뒤흔드는 것이다. 예컨대 도요토미 히데요시는 오다 노부나가의 말단 시종으로 출발했지만 후일 당대 최고 권력자가 됐다. 우리는 모두 주인공이 되는 과정에 있다.

## 주어진 역할이 다를 뿐 모두가 주인공이다

직장에서 직원도 하나의 역할이고 주인공이다. 성공과 행복의 기준은 주관적이기에 눈치 볼 필요 없다. 당당해야 한다. 우리는 연극을 볼 때 왕 역할이라고 집중하거나, 노에 역할이라고 외면하지 않는다. 역할보다 '연기'에 집중한다. 연극에서는 모든 역할이 대등하다. 다만 시간과 공간이 한정돼서 특정 인물에게 더 많은 러닝 타임을 부여하는 것뿐이다. 연극에서는 시공간이 집중된 인물이 주인공이다. 하지만 똑같은 시공간이 허용되는 현실에서는 모두가 주인공이다. 사장과 나는 다를 바 없으며 주어진 시간과 역할이 대등하다. 역할의 기능이 다를 뿐이다. 그러니 사장은 사장의 역할을, 나는 직원의 역할을 해내면 된다.

연극과 실제가 다른 점이 하나 더 있다. 극의 지속성이다. 극은 주어진 시간 안에 끝이 나지만 현실의 삶은 연속극이다. 이 연극의 역할을 지속하기 위해서는 꾸준한 자기 암시와 인내심이 필요하다. 가능하다면 선하고 긍정적인 암시가 훨씬 효과적이고 좋을 것이다. 로마 네로 황제의 선생이었던 세네카는 이렇게 말했다.

"인생은 연극과 같다. 중요한 것은 연극의 길이가 아니라 연기의 탁월함이다."

# 이길 수 없다면
## 최고의 먹잇감이 돼라

사장은 회사와의 일체형, 직원은 회사와의 분리형이다. 사장은 철저하게 자기 목표에 구조화된 사람이다. 그러므로 그 구조에 들어가야 동료가 될 수 있다. 그러려면 사장이 추구하는 목적과 목표를 살피고 나와의 접점을 파악해야 한다. 하지만 근본적으로 직원과 사장은 목표를 같이하기도 어렵고, 같을 수도 없다. 출발점이 다르기 때문이다. 그래서 주로 회사의 목표에 직원들이 수동적으로 끌려가는 경우가 많다. 왜 이런 생각과 분석을 하고 있냐고? 이길 수 없다면 상대에게 최적의 먹잇감이 되기 위해서다.

상대가 가장 좋아하는 최적의 상태가 돼라. 그래야 내가 가장 원하는 걸 얻을 수 있다. 보스가 좋아하는 직원이 돼야 한다. 최적의 먹잇감이 되고 원하는 걸 갖는 것이 을의 전략이다. 일반적으로 보스는 뭔가를 움직이고 영향력을 행사하려는 측면에서 나보다 더 큰 욕망덩어리다. 그들은 항상 욕망에 굶주려 있고 먹잇감을 찾아 헤맨다.

회사라는 동물의 왕국에서 '리딩하는' 보스와 '따르는' 직원이 함께 살기 위한 선택지는 둘 중 하나다. 그의 친구가 되거나, 그에게 예속되는 것이다. 사람들은 '윈윈(WIN-WIN)'이라는 말을 좋아한다. 하지만 약육강식의 세계에서 그런 말은 사치다. 윈윈은 강자들이 약자들 듣기 좋으라고 하는 말이다. 힘의 균형이 깨진 기울어진 시소에서 상호 존중은 고도의 교양 집단에서나 가능하며 일반 조직에서는 일어나기 힘든 사건이다. 통상 강한 자 주변에 사람이 모이고, 강한 자가 조직을 지배한다. 배려, 관용, 너그러움 등은 약자가 함부로 입에 올릴 수 있는 옵션이 아니다. 힘을 가진 강자가 가끔 베푸는 이벤트성 말들이다.

많은 사람이 서로 양보하고 윈윈하는 게 좋다는 망상을 한다. 이는 아프리카 소국 대통령이 미국 대통령에게 '윈윈하자'고 말하는 것과 같다. 자기가 약자라고 생각한다면 힘을 먼저 길러야지 윈윈 같은 허황된 기대는 하지 않는 게 좋다. 윈윈은 서로의 힘이 팽팽할 때 성립되는 약간의 양보 내지는 타협이다. 을에 의해 윈윈이 성립되는 경우가 있기는 하다. 강자의 이익에 치명적인 영향을 줄 수 있는 키를 가진 경우다. 하지만 이는 매우 드물다.

# 그럼에도 당당한 태도를 유지하자

당신이 직장인으로서 보스를 이기는 선택을 포기했다면 그의 손아귀에서 최선을 다하는 전략만 남았다. 기왕 먹힐 거라면 좋은 먹잇감이 돼야 한다. 그래야 덜 아프고 기회도 생긴다. 최적의 먹잇감이 되려면 요리를 잘 익혀야 한다. 잘 익힌다는 것은 '능력'과 '태도' 둘 다 준비하는 것이다. 일을 잘하는 능력과, 겸손한 태도가 필요하다. 그렇다고 굽실굽실한 태도는 오히려 그를 창피하게 만든다. 소인배 보스들만 그런 걸 즐긴다. 참된 '갑'일수록 온유하고 당당한 '을', 부드러우면서도 강하고 결단력 있는 독자적인 부하를 좋아한다.

하지만 아무리 잘난 을이라도 보스보다는 작은 리더여야 한다. 그래서 지혜로운 을은 항상 보스를 떠받들고, 현명한 보스는 남들 앞에서 부하를 결코 졸개 취급하지 않는다. 보스는 이를 윈윈 관계라고 말한다. 물론 아무리 그래도 상하 관계의 본질은 변하지 않는 빛 좋은 개살구 윈윈이다.

# 회사에서 정말
# 복종이 필요할까?


인간은 가장 자유롭고 싶은 존재면서, 한편으로 다른 이를 지배하고 싶어 하는 존재다. 그래서 어떤 조직이든 지배당하기 싫어하는 사람들이 모였지만 역설적으로 누구는 지배하고 누구는 지배당한다. 직장 역시 지배하려는 의지와 자유를 추구하는 욕구가 뒤엉켜 충돌하는 복잡한 곳이다. 이게 인간의 본성이고 조직의 본질이다.

특히 보스는 지배하려는 경향이 강한 사람이다. 그들은 자기 마음대로 하는 것을 가장 좋아한다. 그러므로 당신이 회사를 그만두지 않거나 조직의 구조를 바꿀 수 없다면 사장의 말을 따라야 한다. 솔직히 그러고 싶지 않을 것이다. 그래도 그런 척 노력이라도 하는 게 좋겠다. 그래야 보스와 당신 사이에 신뢰가 생긴다.

보스는 당신이 생각하는 것보다 현명하지 않은 경우가 대부분이다. 그는 자신의 욕망에 사로잡혀 당신의 가식과 진심을 구분하지 못한다. 또, 당신의 자존심 따위는 그의 판단 기준에 없는 항목이다. 그러니 보스가 미쳐 날뛸 때는 그냥 "나는 지금 연기하는 중이다"라고 생각하고 편안하게 그의 장단을 맞추면 된다. 욕망의 터널로 질주하는 그를 바라보며 차분히 기다리는 것이다. 그래서 나는 당신에게 '복종하는 마음'이 아니라 '복종하는 태도'를 권하고 싶다.

복종이란 궁극적으로 피지배자인 당신이 보스를 세련되게 제한하고 부드럽게 조종하는 것이다. 이는 보스의 좌뇌와 우뇌를 오갈 수 있어야 가능한 일이다. 사람들은 애플이 세상을 바꿨다고 말한다. 하지만 스티브 잡스는 세상과 사람을 바꾸려 하지 않았다. 오히려 사람에게 꼭 맞도록 설계를 바꿨다. 세상과 사람을 변화시킨 게 아니라, 세상과 사람에게 충성한 것이다.

당신이 이 회사를 선택하는 순간 당신은 이 조직의 일원이 된 것이다. 구조 속에 들어온 이상 당신은 상사를 선택할 수 없고 순응하는 길뿐이다. 그렇다면 어떻게 순응할 것인가? 적극적으로 기꺼이 순응할 것인가? 수동적으로 마지못해 적응할 것인가? 순응할 마음이 없다면 하루라도 빨리 이 직장을 떠나는 게 좋다. 어중간한 선택은 오히려 더 힘든 여정이 되기 때문이다.

# 도광양회, 때를 기다려라

도광양회(韜光養晦)라는 말이 있다. '자신을 드러내지 않고 때를 기다리며 실력을 기른다'는 의미다. 삼국지에서 유비가 조조의 식객으로 있으면서 자신의 재능을 숨긴 것, 덩 샤오핑이 개혁 개방 정책을 취하면서도 경제력과 국력이 생길 때까지는 강대국들의 눈치를 살피고 전술적으로 협력하는 외교 정책을 편 소위 '28자 방침' 등이 바로 도광양회 전략이다. 또, 간디가 비폭력 저항 운동으로 영국으로부터 독립할 수 있었던 것 역시 상대가 영국이었기에 가능했다. 그는 비폭력 저항 운동은 싸워서 승리할 가능성이 있을 때만 효과를 거둘 수 있다고 말했다. 자기 역량과 상대방의 아량을 잘 살피라는 뜻이다. 앞뒤 가리지 않고 실력도 되지 않으면서 지르지 말아야 한다. 힘이 모자랄 때는 상대를 살피고 복종하면서 실력을 기르고 때를 기다려야 한다.

복종은 능력이 부족할 때 부하가 쓸 수 있는 가장 강력하고 유일한 무기다. 반대로 불복종, 불평, 불만은 당신의 직장 생활을 힘들게 하고 근속 수명을 단축시킨다. 이도저도 아니라면 차라리 사표를 쓰는 게 좋겠다. 불평 불만의 마음이 오랫동안 유지되면 보스에게도 그 마음이 전달될 것이고, 당신의 마음에도 부정적 감정이 쌓여 양쪽 모두에게 좋지 않은 결과를 초래한다.

요약하면, 보스는 강자 '갑'이며 당신은 약자 '을'임을 인정해야 한다. 이

때 복종의 핵심은 강자의 지배욕을 만족시키는 최소 행위다. 자기보다 강한 자를 상대로 다툴 수 없다. 그 결과의 최악은 죽음이다. 복종은 약자인 당신이 살아남을 수 있는 유일한 선택이다. 어떻게 복종할 것인지의 방법만이 당신이 고를 수 있는 옵션이다.

# 야근보다
## 조기 출근이 낫다

　　영화 〈킹스맨〉의 "매너가 사람을 만든다"라는 명대사는 태도의 중요성을 함축적으로 표현했다. 보통 조직 하부는 정량적 성과로 평가받지만, 상부는 정성적이고 정무적으로 흘러간다. 그래서 상사, 임원, 사장이 감정적으로 민감하고 정치적으로 반응하는 것이다. 사장이 직원들의 태도와 감정에는 별 관심이 없을 수 있지만 본인과 관련된 감정, 태도, 인기에는 유별나게 반응한다. 이것이 사장과 소통할 때 태도가 중요한 이유다.

### 당신의 모든 것을 지켜보고 있다

　　사장은 모르는 척해도 당신의 모든 것에 관심을 갖고 지켜본다. 특히 근무 태도에 관심이 많다. 직접 보지 않아도 당신의 부지런함은 입소문을 타고 전해질 것이다. 직속 상사는 당신의 실력을 직접 파악할 수 있지만, 사장은 당신의 실력보다는 보여지는 이미지나 태도로 인식한다.

그런 면에서 조기 출근은 생각보다 큰 자기 브랜딩 효과가 있다. 일찍 출근해서 꼭 회사 업무를 볼 필요는 없다. 그 시간에 독서, 영어 공부 등 당신의 사적인 일을 해도 좋다. 어쨌든 일찍 출근하는 것만으로도 당신은 항상 열심히 노력하는 성실한 사람으로 각인될 것이다.

철저하게 회사를 위한 맞춤형 인간이 돼야 한다. 콕 집어 말하자면 겉으로라도 그렇게 보이자는 뜻이다. 퇴사하기 전까지는 회사에 충실할 필요가 있다. 회사를 위해서가 아니라 최종적으로 나를 위한 일이다. 나의 충실도, 평판을 관리하는 일은 중요하다. 그래서 척이라도 해야 한다. 회사에 대한 충성도를 가장 잘 보여 줄 수 있는 게 조기 출근이다. 반면 야근은 자칫 잘못하면 무능력자로 보일 수 있고, 수당 지급 문제나 강제 퇴근 제도 등에 따라 다르게 받아들일 수 있다.

'일찍 일어나는 새가 벌레를 잡는다'는 속담은 그들의 신조에 딱 들어맞는다. 당신 윗선은 대개 소위 말하는 '꼰대 노땅'들이라 이 격언에 익숙하고 그렇게 살아왔다. 그래서 '아침형 인간'을 선호하는 사람이 많다. 나이가 든 지금까지도 일찍 출근하고, 그런 직원을 눈여겨보는 경향도 있다. 그들에게 조기 출근은 회사에 대한 애정이다. 실제로는 애정 때문이 아닐지라도 그렇게 착각하게 만드는 효과가 있다.

# 피할 수 없다면 즐겨라

우리는 왜 이렇게까지 해야 할까? 조선 시대에는 줄을 잘못 설 경우 본인과 가족의 목숨은 물론이고 친인척까지 위험했다. 또한 주군에게 충성하지 않으면 성공할 방도가 없었고, 산속으로 피할 게 아니라면 반드시 왕에게 충성해야 했다. 이런 고전적 충성에 비하면 요즘 시대의 충성은 목숨을 담보할 필요까지는 없다. 회사 일을 열심히 하고 회사 비품을 소중히 다루는 것만으로도 충분하다. 더 나아가면 사장을 깍듯이 대하면 된다. 마음만 먹으면 의외로 간단하고 쉽다.

때로는 "내가 이런 것 하려고 입사했나?" 하는 갈등이 생길 수도 있다. 나에게는 자존심의 문제지만 상사에게는 순종의 문제다. 이때 어떤 선택을 할지는 당신의 자유다. 단지 보스가 생각하는 친절이 당신과 다르다는 점만 기억하라. 당신이 보스의 관점을 받아들일 수만 있다면 그의 지배와 순종 요구를 나의 친절로 전환할 수 있을 것이다.

# 충신들은
# 결국 다 죽었다

사장은 대체로 지배욕이 강하고, 나이 든 사장은 대개 꼰대다. 그들이 처음부터 그렇게 고집이 세거나 거만했던 건 아니다. 돈을 벌고 형편이 나아지니 인내심이 줄어든 것이다. 그런 점에서 직원의 불만은 충분히 이해된다. 하지만 그렇다고 해서 보스의 생각을 바꾸려 하거나 가르치려 들지는 말아야 한다. 직장에서 가장 위험한 행동이 바로 상사에게 충고하는 것이다. 인간 대 인간으로서 안타까운 마음에 하는 직언임에도 보스는 충고를 싫어한다.

직원의 충고를 듣고 보통은 겉으로 태연한 척하며 '좋은 말 해 줘서 고맙다'고 말하지만, 분명 기분 나쁜 앙금이 남는다. 직원 입장에서는 차라리 바로 화를 내 주는 게 후일을 대비하는 데 훨씬 낫다. 사람의 심리가 그렇다. 특히 보스는 평소에 공격을 별로 받아 보지 못했기 때문에 충고에 더 예민하다. 아주 소수만이 이 직언을 충심으로 받아들이고 개선할지 몰라도 대부분은 좋아하지 않는다는 걸 명심해야 한다. 과거 역사적인 충신들은 대개 죽임을 당했거나 유배를 갔다. 위인전에서는 정의롭고 충성스러운 인물로 기록됐지만 당사자에겐 별 실익이 없다는 결론이다. 그런 의미에서 아첨은 머리 좋은 자들의 작품이라는 것을 기억하자.

## 사람은 참 똑똑한데, 건방져

다시 말하지만 충심이나 의욕이 과해서 보스를 가르치려 하면 분명 낭패를 볼 것이다. 설령 그가 충고해 달라고 도움을 요청해도 살얼음판을 걷듯 조심스럽고 우회적으로 말해야 한다. 고전적이지만 "제가 감히 어찌 사장님께 조언을 할 수 있겠습니까? 부족한 제가 감히 말씀드리자면~"의 느낌을 던지고 시작하는 것도 방법이다.

또한 모든 일에는 때가 있으니, 그의 기분이 확실히 좋아 보일 때나 당신의 충고로 신뢰가 생길 경우에만 말해야 한다. 충고의 내용이나 옳고 그름과는 상관없다. 보스에게 중요한 것은 상황과 태도다. 보스는 위기 상황에서도 치켜세워지는 걸 즐긴다.

그렇지만 어쩔 수 없이 충고해야 하는 경우도 있을 것이다. 그럴 땐 정보를 전달하는 것으로 포장하는 게 좋다. "제 의견으로는~", "말도 안 되는 생각일 수 있지만~" 등으로 이야기를 시작하는 것이다. 깨어 있는 보스라면 답답해하겠지만, 보통은 고개를 끄덕이며 흡족할 것이다. 유감스럽게도 꼰대들은 내용보다 형식이나 태도에 더 예민하다.

"사람은 참 똑똑한데, 건방져."

실컷 좋은 말 다 하게 해 놓고 뒤에서 이런 말을 하는 보스들이 있다. 직원 입장에서 최악이다. 그들이 충고에 예민한 이유 중 하나는 모든 판단이 자기 몫이라는 생각에 있다. 일종의 소유 의식이다. 조폭 드라마에 이런 말이 자주 나온다.

"판단은 내가 해. 나가 봐."

자기가 판단하고 결정해야 하는데 부하가 미리 판단하고 거들면 보스는 기분부터 나쁘다. 부하의 말이 맞든 틀리든 상관없이 말이다.

# 상사를
# 칭찬해야 하는 이유


칭찬이라면 보통 윗사람이 아랫사람에게 하는 것으로 알고 있다. 사장에게 칭찬해야 한다고 하면 왠지 어색하고, 괜히 아부하는 느낌이 든다. 하지만 사람은 남녀노소 상관없이 누구나 인정받고 싶고, 칭찬에 목말라 있다.

특히 나이 많은 상사, 임원들은 작은 칭찬에도 감동하고 좋아한다. 나이가 들고 직급이 올라가면 칭찬을 받는 일보다 해 주는 경우가 많아지니, 정작 본인이 칭찬받을 기회가 없어지기 때문이다. 사장이든 상사든, 그들의 감정 구조도 당신과 다를 바 없다. 칭찬하고 싶은 느낌이 들면 주저 말고 감정이 시키는 대로 칭찬하자. 이때 그는 상사가 아니라 그냥 우리와 같은 사람이다. 한 사람으로서 인정해 주는 것이다.

# 칭찬은 험담을 방어한다

험담이나 남의 말 잘하는 사람과 불가피하게 어울려야 하는 경우가 있다. 그럴 땐 그의 의견에 맞장구를 치기보다는 적당한 칭찬거리를 던져 줌으로써 험담을 방어할 필요가 있다. 그는 누구에게 무슨 말을 들으면 동네방네 소문내는 나팔수다. 그런 사람은 내 편이 돼도 힘들지만 적이 되면 더욱 피곤하다. 적으로 삼느니 적당히 구슬리는 게 낫다. 특히 고위직으로 갈수록, 사람들과의 접촉이 많아질수록 이런 처신이 필요하다.

또한 당신의 능력이 동료들보다 다소 떨어진다고 생각될 경우에도 칭찬은 훌륭한 방어 수단이 된다. 구태여 윗사람, 아랫사람 구분할 필요도 없다. 그들은 당신이 다른 사람 앞에서도 자기를 칭찬하고 홍보해 줄 나팔수로 생각하고 호감을 가질 것이기 때문이다. 사람들은 이를 보고 '인간성이 좋다'고 표현한다. 주변에서 그런 말이 들려온다면 당신의 전략이 잘 먹히고 있다는 뜻이고, 의도하지 않았더라도 좋은 방어막을 얻은 셈이다.

## 칭찬은 쉽고 빠르게 긍정적인 감정을 부른다

칭찬할 땐 근거가 있어야 한다. 근거 없는 칭찬은 허공을 떠도는 비눗방울처럼 금방 사라지고 만다. 근거가 불확실한 칭찬은 가식적이라는 오해

나 불쾌감을 일으킬 수도 있다. 또한 명확하지만 논리보다는 감성적인 근거가 필요하다. 특별히 신뢰가 쌓이지 않은 관계에서 칭찬을 받으면 처음에는 '이성'이 작동한다. 저 사람이 칭찬하는 근거를 따지게 되는 것이다.

"오늘 넥타이가 잘 어울리십니다."

이런 말을 건넸을 때 대개는 "진짜 그런가?" 하고 멈칫했다가 "음, 그렇지. 내가 봐도 잘 어울리는 것 같군" 하며 자기 좋을 대로 생각을 정리한다. 상대가 가볍게 던진 말이나 인사치레까지 깊이 생각하고 싶지 않을 테니까 말이다. 아주 생뚱맞은 말만 아니라면 결국 그냥 넘어간다.

설령 확 와닿지 않는 말일지라도 자기가 선택해서 매고 나온 넥타이를 굳이 나쁘게 보려는 사람은 없을 것이다. 그래서 "내가 생각하기에 칭찬받을 정도는 아닌데, 김 과장이 보기엔 잘 어울리나 보다" 정도로 긍정적인 결론을 내릴 가능성이 크다.

바로 이 점에 주목해야 한다. 대개는 이런 피상적인 근거에만 집중하지, '왜 저러지?', '잘 보이려고 저러나?', '진심인가?' 같은 부정적인 의심이나 '왜?'라는 본질적인 생각까지 이르지 못한다. 감성이 이성을 압도하기 때문이다. 그래서 사람들은 칭찬의 근거가 감성적일 때 크게 경계하지 않는다. 만약 멈칫하는 눈치가 보이면 추가로 이런 말을 던지면 된다.

"사실 그 넥타이, 제 취향입니다. 제가 그런 무늬를 좋아해요."

개인적인 취향이라고 말하는데 더 이상 부정적으로 생각할 이유가 없을 것이다.

# 윗사람은 어떻게
# 칭찬해야 할까?

구체적으로 살펴보자. 사람을 만나면 먼저 눈에 띄는 것, 아름다운 것, 특징적인 것부터 이야기하는 게 좋다. 그게 바로 상대방이 가장 듣고 싶어 하는 '칭찬 부위'일 확률이 크다. 칭찬할 때는 근거가 있어야 하는데 때마침 뻔히 보이는 힌트가 있다면 이 얼마나 다행인가? 사람은 누구나 보여 주고 싶은 포인트가 있고 그것이 옷, 넥타이, 화장, 표정 등으로 드러난다. 그 부분을 긁어 주자. 특히 평소와 다른 스타일로 등장했다면 절호의 기회다. 본인도 긴가민가하며 어색해하던 차에 상대가 먼저 공감해 주면 월남전 참전 전우라도 만난 듯 반길 것이다.

사무실을 방문했을 때도 마찬가지다. 그의 방에 들어섰을 때 먼저 가족 사진이 보인다면? 골프 상패가 가득하다면? 책상 위에 성경이 보인다면? 자전거나 등반 사진이 걸려 있다면? 그것들에 그의 삶과 생각이 담겨 있다. 여기저기 놓인 책이나 소품 등 주변의 모든 것도 마찬가지다. 그가 평소 자랑하고 싶었던 속내의 표현이다. 이제 이야기 재료는 펼쳐졌다. 그중 하나를 잘 골라 칭찬의 물꼬를 트면 된다. 마치 정답이 주어진 문제 풀이 같은 것이다. 당신의 칭찬은 사실에 근거한 합리적인 칭찬이므로 위선도 아니고, 상대방은 때마침 자랑하고 싶었던 부분을 정확하게 짚어 준 당신이 반가울 것이다. 여기에 약간의 위트와 본인이 알고 있는 상식을 더하면 금상첨화의 품격 있는 대화로 이어질 것이다. 당연히 만족도 100%, 효과 100%다. 그래도 부족한 것 같다면 상대방의 마음 씀씀이나 배려하는 태도를 헤아려 '존경'의 느낌을 주는 단어나 감정을 언급해도 좋다.

칭찬에 이어 존경은 갑에게 가장 잘 먹히는 도구다. 기회가 있을 때마다 적절하게 구사하되, 너무 잦으면 진심이 희석돼 가치가 떨어질 수 있으니 주의하자. 이때 포인트는 일대일 자리라면 진심을 전달하는 데 중심을 두고, 여럿이 있을 때는 그의 허세를 높이는 데 초점을 맞추는 것이다.


## 비스킷은 양이 아니라 맛으로 먹는다

사람들은 우회적이든 노골적이든 칭찬과 존경을 마다하지 않는 경향이 있다. 다만 이성적이고 논리를 따지는 일부 사장은 노골적인 아부를 원치 않는다. 거부하는 게 아니라 세련된 아부를 원하는 것이다. 사실은 진짜 존경을 원한다. 그래서 잘 포장된 아부만이 그의 이성을 부술 수 있다.

어설픈 아부는 '이 친구가 왜이래? 나한테 뭘 원하지?' 하는 긴장감을 줄 수 있어 역효과다. 이들에게 가장 이상적인 아부는 티 나지 않는 칭찬과 존경의 태도를 버무리는 것이다. 최대한 사실을 근거로 진심을 담아 정중히 전달한다. 무겁지도, 가볍지도, 장황하지도 않아야 한다.

당신의 사장이 나이 든 분이라면 삼촌처럼 살갑게 대하는 게 좋고, 동년배나 어린 상사라면 최대한 존중하고 받들어 주는 게 좋다. 후자는 아부라기보다 최대한 진실한 태도로 대하는 것이다. '코끼리 비스킷'은 먹으나 마나 할 정도로 보잘것없는 작은 양을 비유하는 말이다. 보스에게 하는 칭찬은 코끼리 비스킷처럼 해야 한다. 길게 말하지 말고, 너무 티를 내지도 말고, 짧게 자주 하자. 비스킷은 양이 아니라 맛으로 먹는 것이 포인트다.

# 사장도
# 위로가 필요하다

한때 '고객 만족'이라는 말이 유행했다. 요즘 분위기는 '직원 만족'이다. 이 '만족'의 중심에는 사장이 있다. 사실은 '사장 만족'이 직장 생활의 본질이고 출발점 같지만 '사장 만족'이라는 말은 들어 본 적이 없다. 사람들은 사장을 '만족을 제공하는 공급자'로만 생각하기 때문이다. 요즘처럼 사장의 스트레스와 불만이 고조된 적도 없던 것 같다. 사장은 매출의 접점에 있는 소비자부터 만족시켜야 하고, 그 일을 담당하는 직원들의 만족도 신경 써야 한다. 그런데 정작 사장의 불만과 스트레스를 달래 줄 사람은 아무도 없다. 누구도 생각조차 하지 않는다.

독립된 영역의 자영업 사장은 그나마 먹이 사슬의 굴레에서 자유롭지만 대기업이나 중소기업의 협력 업체 사장일 경우, 말이 사장이지 원청사의 대리나 과장에게 지휘를 받기도 한다. 사업자 등록증을 냈을 뿐 대기업의 한 부품 생산 공정의 업무 팀장에 불과한 '무늬만' 사장들도 많다.

가장 스트레스 많고 자존심이 상해 있는 사람은 자영업 사장이 아닐까 싶다. 외부적으로 겪는 불만 외에도 직원들 때문에 마음 상하거나 서운한 경우가 있을 테고, 개인적으로 힘든 일도 있을 것이다. 다만, 더 많이 참고 티 내지 않을 뿐이다. 그래서 사장에게도 '감사'와 '격려'가 필요하다. 감정을 공감해 주는 따뜻한 정 말이다.


# 감정의 소통은 위아래가 없다


직원인 내가 사장을 위로하고 공감해 줘도 괜찮을까? 발칙하고 건방진 생각일까? 아니다. 감정의 소통은 위아래 구분이 없다. 감정은 물의 흐름이 아니라 전기 흐름 같은 것이다. 그래서 위에서 아래로, 아래에서 위로 양방향으로 흐른다. 사장도 감정을 해소하고 싶고 위로가 그리운 사람이다. 몇 가지 인터뷰 사례를 보자.


### A 사장의 사례

A 사장은 자신이 납품 일로 동분서주하고 있는데 직원이 6시가 되자마자 퇴근했을 때 무척 서운했다고 한다. 요즘은 근로 시간이 명확하고 칼퇴근이 당연한 분위기가 지지받고 있다 보니 이런 일이 흔하다. A 사장은 내

심 직원이 이렇게 말해 주길 기대했다.

"사장님, 바쁜데 먼저 퇴근해서 죄송합니다. 오늘 부득이한 약속이 있어서 그러니 나머지 일은 남겨 두시면 제가 내일 아침 일찍 나와서 조치하겠습니다."

### B 사장의 사례

평소에 정말 아끼고 믿었던 김 과장이 갑자기 면담을 신청하더니 단 몇 마디로 퇴사 통보를 했다. B 사장은 그 말에 큰 좌절감과 배신감을 느꼈다. 김 과장이 이렇게 말해 줬다면 얼마나 좋았을까?

"그동안 잘해 주셨는데 이런저런 사정으로 어쩔 수 없이 그만두게 됐습니다. 제가 진행하던 업무에 차질이 없도록 최대한 조치하겠습니다."

B 사장도 그동안 이 직원에게 쏟았던 애정이 있었다. 그만두더라도 인간적으로 상대방을 배려하는 감정 처리가 없어 아쉬웠다는 것이다.

### C 사장의 사례

요즘은 국가 정책 차원으로 진행하는 무료 교육 지원 제도, 일 학습 병행제, 각종 자격증 제도가 많아졌다. C 사장은 회사 사정이 열악하고 빠듯하지만 직원들이 이런 제도를 이용할 수 있도록 조기 퇴근을 허락했다. 그런데 직원들에게 별다른 감사의 말 없이 교육비 청구 서류만 받았을 때 서운함을 느꼈다. 그들이 이렇게 이야기해 줬으면 좋았을 것이다.

"회사도 바쁜데 교육을 들을 수 있게 배려해 주셔서 감사합니다. 덕분에 자격증 딸 수 있었어요."

이 사례들처럼 중소기업 사장은 전 직원과의 사소한 감정 처리를 하면서 매달 월급까지 챙겨야 한다. 직원 입장에서는 일하고 월급 받는 게 너무나 당연한 일이다. 그래도 요즘처럼 어려운 시기에 한 번쯤 "어려운 회사 사정 잘 아는데 제때 급여 넣어 주셔서 고맙습니다"라는 격려의 말 한마디 던져 주면 사장에게 큰 힘이 될 것이다. 물론 월급은 당연히 받아야 하는 권리다. 게다가 직원도 나름대로의 말 못 할 사정이 있을 것이고 사장 역시 이 정도는 충분히 이해할 거라 짐작할 수도 있겠다. 그렇지만 감정의 문제는 지위, 성별, 나이와 무관하게 모든 사람이 똑같이 느낀다. 보스는 티 내지 않고 더 참을 뿐이다.

# 보스의 대범함은
# 직원이 만든다

직원들이 사장에게 갖는 가장 큰 착각이 있다. 사장은 큰일을 하는 사람이니 당연히 큰 인물이고 통도 클 것이라는 생각이다. 흔히 사장, 보스라고 하면 '통이 크다', '대범하다' 등의 이미지를 떠올린다. 과연 그렇기만 할까? 실제로 주위의 사장들을 만나 보면 대범한 이미지와 많이 다르다는 걸 알 수 있다. 사장도 사람인지라 희노애락이 있다. 아무렇지도 않은 듯 넘어가고 무뎌 보이는 것은 그가 그렇게 연출한 것이다.

옛 왕들이 화려한 곤룡포, 왕관, 신발과 각종 장신구로 치장한 이유는 그들 역시 평범한 인간임을 숨기기 위해서였다. 이 시대의 사장도 조직을 통솔하기 위해 차별화를 활용하고 있다. 사람은 뭔가를 감추거나 돋보이고 싶을 때 옷을 입는다. 사장 역시 사람에 불과하여 사람의 속성을 벗어나지 못한다. 오히려 그는 수많은 직원을 통솔하고 여러 명의 감정을 살펴야 하므로 보통 사람보다 더 예민한 감각을 갖고 있다. 다른 점이 있다면 감정 기복의 티를 덜 낸다는 점이다. 감정을 절제함으로써 겉으로만 대범해 보일 뿐이다.

대개 보스들은 슬픔을 잘 드러내지 않는다. 위계에 익숙한 권위적인 보스일수록 더욱 그렇다. 슬픈 감정은 자기가 흔들리고 있다는 뜻이고 이는 카리스마 유지에 도움이 되지 않기 때문이다. 보스의 눈물이 인간적으로 보일 수는 있으나 리더십에는 도움이 되지 않는다. 감정이 흔들린다는 것은 이성적 판단 능력을 상실했다는 뜻이다. 영리한 리더는 역으로 상대를 흔들 전략적인 의도가 있을 때 눈물을 흘린다. 눈물이 연극이 아니라면, 그는 리더 자격이 없는 사람이다.

## 당신은 보스의 프로듀서다

회사의 규모가 커질수록 보스는 더욱 감정을 절제한다. 큰 조직의 사장이 미주알고주알 간섭하거나 감정 기복이 심하면 직원들도 힘들고 위계질서 유지, 공정한 업무 흐름에도 방해가 되기 때문이다. 그래서 본인 스스로도 조심하고 직원들도 사장을 그렇게 만든다. 한마디로 조직이 리더를 변화시키는 것이다.

인간은 이기적으로 세상을 보는 경향이 있다. 사실 인간은 뼛속까지 주관적이다. 통상 직원이 사장의 눈치를 살피는 것으로 알려져 있지만 사장도 그 이상으로 직원의 눈치를 본다. 직원의 감정과 일 처리 결과에 따라 사업 성패가 달렸기 때문이다. 사장은 미주알고주알 참견하고 싶은 마음, 그 쫀쫀함을 감추는 것이 그의 덕목 중 하나라는 점을 잘 알고 있다.

우리는 이런 사장의 숨겨진 감정을 잘 읽고 정확하게 대처해야 한다. 보스가 모르는 척 대범하게 굴 때 당신은 모르는 척 보스의 태도를 받아들이되, 한편으로 그 마음의 행간을 읽고 재빨리 움직여야 한다. 즉, 역지사지의 마음으로 지금 그가 느끼는 감정이 내가 느끼는 감정과 크게 다를 바 없다는 점을 알아야 한다. 그가 몹시 참견하고 싶은 마음을 숨기며 대범한 척하는 '연기'를 인정해 주면서, 그가 원하는 만큼 꼼꼼하게 보고해 준다. 거북의 단단한 등껍질 속 부드러운 속살, 그게 보스의 진짜 속마음이다.

이때 핵심은 "사장님은 별로 개의치 않는 아주 작은 문제겠지만, 그래도 제가 잘 챙기고 있으니 더는 염려하지 않으셔도 됩니다"라는 메시지를 확실히 전달하는 것이다. 대범한 보스는 쫀쫀한 직원이 만든다. 그래서 당신이 보스의 프로듀서다.

# 관계를 주도하는
## 보고의 정석

　　이상적인 보고는 마치 비디오를 보여 주는 것과 같다. 즉, 시각(문자, 이미지), 청각, 상상 세 가지를 충족해야 한다. 마치 현장을 직접 보는 것처럼 묘사하는 것이다. 지난 실적을 보고할 때는 과거를 현재로 옮겨 와야 하고, 계획을 보고할 땐 미래를 현재의 시간으로 옮겨 묘사해야 한다. 보고는 가능하면 주기적으로 하고, 그만하라고 지시할 때까지 계속한다.

　　보고의 목적은 보스가 예측 가능하게 하는 것이다. 예측이 가능하면 마음이 편안해진다. 보고를 잘하면 편안하게 명령할 수 있는 부하가 되는 것이다. 일 시키기가 불편한 부하에게 깊이 있는 대화나 신뢰를 기대하기는 힘들다. 물론 예외는 있다. 결과만 가져오라고 하는 경우다. 조폭, 마피아 세계에서 흔히 볼 수 있고 일반 조직에서는 사장이 전문 분야가 아닐 때 그럴 수 있다. 이 경우는 둘 중 하나다. 첫 번째는 당신을 믿으니까 알아서 최종 결과물만 가져오라는 뜻이고, 두 번째는 당신을 아직 믿지 못하겠으니 이번 성과로 앞으로를 평가하겠다는 '시험'이다.

## 보고의 네 가지 기능

보고에는 네 가지 기능이 있다. 첫 번째, 보고는 내가 조직에 예속됐음을 인정하는 것이다. 우리는 항상 예의를 지켜야 한다. 정성과 투명성을 다해야 하고, 잘 모르면 함부로 의견을 내지 말아야 한다. 깊이 없는 의견은 당신에 대한 신뢰를 갉아먹는다. 반복될 경우 치명적이다. 그렇다고 너무 입 닫고만 있어도 무능해 보일 수 있으니 수위를 조절할 필요가 있다.

두 번째, 보고는 내가 열심히 일하는 상황을 전달하는 것이다. 보고 형식과 내용 못지않게 주기와 타이밍 역시 중요하다. 사장의 인내심을 시험하지 말자. 대부분의 상사는 일일이 보고하라고 지시하지 않는다. 이들은 궁금한 시점에 맞춰 보고해 주기를 바란다. 특별한 지시가 없어도 적절한 때에 보고하는 똑똑한 직원이 되자.

세 번째, 보고는 책임 전가의 효과가 있다. 진행 과정을 자주 보고해서 상사의 의견을 반영하면 문제 발생 시 책임을 전가할 수 있다. 그래서 현명한 보스는 중간보고, 너무 잦은 보고를 싫어한다.

네 번째, 불신을 전제로 하는 보고도 있다. 이는 덜 미더운 부하의 상황을 점검하는 수단이다. 하지만 믿음이 깊어지면 결국 '네가 알아서 해라'

형태로 권한을 받기도 한다.

## 보고는 타이밍이 중요하다

　돈 좀 있고 권세 있는 보스들은 인내심이 부족하다. 가장 큰 원인은 직원들이 그의 지시를 숨 가쁘게 맞춰 왔기 때문이다. 그래서 어쩌다 한두 번 늦어지면 엄청난 질책을 받는 모순에 빠지게 된다. 빠른 속도에 익숙해진 보스는 단 한 번의 지체를 참지 못한다. 직원 입장에서 보면 엄청 피곤한 일이다.

　이를 해결하는 좋은 묘책은 즉답하거나 즉시 처리하지 않고 한 템포 쉬는 것이다. 그의 말을 금방 알아듣고 해결 방안이 떠올라도 바로 보고하지 말자. 기한이 정해지지 않은 지시는 준비는 하되 미리 나서지 말고 의도적으로 속도를 늦춘다. 보스가 먼저 물어본다면 "좀 더 검토해서 보고하겠습니다"라고 말한다. 기한이 정해진 지시는 중간보고, 수시 보고를 통해 일의 경과를 소상히 공유해서 보고 일정의 감각을 무디게 한다. 설령 일정이 늦어지더라도 상사와 그 지연 책임을 공동 부담하는 효과를 가질 수 있다. 만약 당신이 보고를 너무 빨리 끝내면 사장은 이렇게 생각할 것이다.

　'그 건은 이미 처리했으니 지금은 놀고 있겠군. 더 시킬 일 없나?'

처리 속도가 조금 늦더라도 열심히 일하는 모습을 보면 흐뭇하지만, 서둘러 처리하고 여유롭게 신문을 보거나 쉬고 있으면 괜히 심통이 나는 게 돈 주는 사장의 마음이다. 실제로는 후자가 진짜 능력자인데 말이다. 그래서 보고 타이밍이 중요하다. 징기즈칸은 정보를 최대한 빠르게 전달하기 위해 역참 간의 거리를 40킬로미터로 최적화했다. 이는 말이 거의 죽음에 이르는 수준이다. 당신은 죽을 만큼 달리는 몽고 말 신세가 되지 않길 바란다.

# 4장

## 직장 너머 인생을 본다

**직장을 떠나도 인생은 계속된다**

# 세상은 원래
# 흔들리는 곳이다

요즘 사람들은 안정적인 걸 매우 좋아한다. 그래서 공무원, 공기업, 대기업 경쟁이 과열이다. 일의 성격, 일의 긍지, 일의 수준보다는 조직이 얼마나 오래 유지될 것인가 하는 조직 수명의 '지속 가능성'에만 최우선 가치를 둔다. 그 직장에서 내가 하는 역할과 비전은 두 번째 문제다. 도전보다는 보신을, 미래보다는 현재를, 전진보다는 안주를 선택한다. 그러다 보니 보내는 것은 시간이고, 돌아오는 것은 허무한 퇴직이다.

그런데 안정적인 일, 직장, 직업이 과연 있기는 할까? 그 속을 조금만 들춰 봐도 이는 곧 실망스러운 허상이란 걸 깨닫게 된다. 평생 안정적인 직장이란 존재하지 않는다. 이 세상부터가 불안정한데 애초에 안정은 어울리지 않는 말이다. 보통 '안정' 하면 '정지된 상태'를 생각한다. 하지만 우리 주변에서 움직이지 않는 것은 거의 없다. 역설적으로 모든 것은 움직임으로써 안정과 에너지를 동시에 추구하고 있다.

## 배가 흔들리는 것도 항해의 일부다

지구는 태양을 중심으로 공전하고, 스스로도 자전한다. 한마디로 광활한 우주에서 뱅글뱅글 돌고 있는 지구는 불안정한 구체다. 그리고 그 위에 바로 우리가 있다. 지구 안쪽은 어떤가. 내핵의 온도는 섭씨 약 6,000도로 시간당 467억 3,000만 킬로와트의 열이 생성되고 있다. 우리는 불덩이를 머금은 땅 위에 있다. 붉게 솟구치는 용암이나 펄펄 끓는 온천을 본 적 있다면 땅속의 열기는 충분히 가늠할 수 있을 것이다.

물질을 작은 단위로 나눠 보면 분자, 원자, 원자핵, 양성자/중성자, 소립자로 순서로 이뤄져 있다. 소립자는 다시 렙톤, 쿼크로 구성된다. 우리는 이런 작은 물질들이 모여 움직이는 하나의 종합 유기체로 살아가고 있다. 이렇게 보면 내 몸속, 지구, 우주까지 이 세상에서 움직이지 않는 것은 하나도 없다. 단지 멈춘 것처럼 보일 뿐이다.

지구에 사는 우리는 가만히 있어도 움직이는 열차를 타고 움직이는 것과 같다. 시속 10만 7,000킬로미터 속도로 달리는 열차에서 시속 1,337킬로미터로 러닝 머신을 타는 형국이다. 게다가 바닥은 엄청난 열기로 부글부글 끓고 있다. 상상만으로도 아찔하지 않은가? 그런데 '안정'을 추구한다고? 세상은 원래 흔들리는 곳이었다. 여러분이 그토록 오매불망하는 '안정'은 애초에 이 세상에 없다.

21개국에 판권이 팔리며 한국 자기 계발서 가운데 최초로 서구 시장에 진입한 《더 해빙》의 이서윤 작가는 이렇게 말한다.

"불안은 자연스러운 감정이다. 마치 배가 파도에 흔들리는 것처럼. 항해하다 보면 때로는 배가 파도에 심하게 흔들릴 수도 있고 뱃멀미를 할 수도 있다. 문제는 이러다 배가 난파하면 어쩌나 하고 불안에 굴복한다는 데 있다. 배가 흔들리는 것도 항해의 일부라는 걸 잊으면 안 된다."

# 누구에게나
# 다가오는 미래는 같다

"세상에는 두 종류의 사람이 있다. 걱정하는 사람과 걱정이 없는 척하며 살아가는 사람이다."

한창욱이 그의 저서 《걱정이 많아서 걱정인 당신에게》에서 한 말이다. 누구나 미래에 대한 두려움을 안고 살아간다. 당신이나 사장도 마찬가지다. 두려움과 걱정의 종류가 조금씩 다를 뿐이다. 성경에는 "내일 일을 결코 염려하지 마십시오. 내일은 내일의 염려가 있을 것입니다. 그날의 괴로움은 그날로 충분합니다"라는 구절이 있다. 이 말대로라면 걱정 같은 것은 할 필요도 없고 해도 소용이 없다. 하지만 이런 말을 듣는다고 우리의 걱정이 쉬 사그라지지는 않는다.

직장 생활에서 생기는 걱정 역시 미래에 대한 불안과 두려움이다. 불안은 목표가 없거나 방향을 잃은 사람의 마음속에 깃들기 쉽다. 시간이 지날수록 점점 더 커지기도 한다. 이를 돋보기로 계속 들여다보고 있기 때문이다.

지금의 나는 10년 전, 또는 1년 전에 예상했던 모습인가? 그동안 놀고먹은 것도 아니고 나름 노력하고 발전해 온 것이 지금의 나다. 그러니 손에 잡히지 않은 미래를 꽉 잡으려 애쓰지 말자. 가만히 있어도 미래는 제 발로 찾아오게 돼 있다. 누구에게나 시간은 똑같이 흐른다. 다가오는 미래는 같지만, 미래를 맞이하는 마음은 다르다.

## 은퇴 나이가 당연히 60세라고 생각하지 마라

지금 당신의 시계는 몇 시를 가리키고 있는가? 당신의 미래는 안녕한가? 인생을 출퇴근으로 비유해 보자. 보통 20세까지는 부모 밑에서 자라고 30세까지 교육을 마친 뒤 출근을 시작하며 60세에 퇴근한다. 이게 지금까지의 우리들이다. 하지만 100세 퇴근으로 늘어난 인생 시계에서 나머지 40년은 어떤 의미로 해석해야 할까? 30년 일하고 40년을 무료하게 지내야 하는 인생, 이것이 지금 우리 앞에 놓인 숙제다. 은퇴 후 40년을 무계획, 무대책으로 지내는 것은 장수 시대에 걸맞지 않은 계획이다.

당신의 인생은 당신이 직접 계획하는가? 엄밀히 따지고 보면 이런 인생계획은 회사, 정부, 사회, 보험 회사가 자기들의 기준으로 '60세 프레임'을 세운 것이다. 우리 인생은 그들에 의해 기획된 것이나 마찬가지다. 거기에 당신의 생각이 조금이라도 반영됐는가? 전혀 아닐 것이다. 인생 계획은 돈, 건강, 배움, 영적 계획 등이 균형적으로 기획돼야 하고, 자기 주도적으로 짜야 한다. 늘어난 기대 수명까지 고려하면 과거에 만들어진 60세 프레임을 버리고 새로운 기준을 찾아야 한다.

주변의 퇴직자들이 어설프게 늘어놓는 노후 계획을 들어 보면 기껏해야 등산, 골프, 여행 등 먹고 마시고 쉬는 것이다. 한마디로 놀면서 시간을 소비하는 일이다. 이런 노후 계획이 최선일까? 노는 것 외에 정말 할 일이 없을까? 70세에 사망한다는 가정으로 세운 퇴직 후 10년짜리 계획이라면 받아들일 수 있겠다. 하지만 퇴직 이후 20년, 30년이 남았다면 어떨까? 영화 〈킹스맨〉에서 "진정 고귀한 것은 과거의 자신보다 우수하게 되는 것"이라는 대사가 나온다. 발전하기도 바쁜데 인생을 뒤돌아보며 한풀이나 할 시간은 별로 없어 보인다.

## 100세 시대를 준비하라

아직 나이가 젊다고 방심해도 될까? 시간은 생각보다 빨리 가고 은퇴는 금방 다가온다. 또 지금처럼 빠르게 변하는 시기에는 본인 의사와 상관없이 더 일찍 퇴직할 수도 있다. 우리는 '60세 프레임'을 '100세 프레임'으로 재설정해야 한다. 미래에셋투자와연금센터 김경록 대표는 "파스칼의 내기처럼 오래 산다고 가정하고 노후 설계를 하는 것이 효과적"이라고 말한다. 60세 은퇴를 가정해도 예상 수명을 80세로 보느냐, 100세로 보느냐에 따라 은퇴 이후 인생 계획이 달라진다. 예상 수명을 80세로 보면 2모작이지만 100세로 보면 3모작 계획이 필요하다. 생활비, 가족, 건강 등 모든 부분의 계획이 달라진다. 노후 준비는 디테일이 아니라 프레임이 달라야 한다.

김경록 대표는 100세 또는 80세까지 산다고 가정한 결과를 네 가지 상황으로 가정했다.

첫 번째, 100세까지 노후 설계를 했는데 실제로 100세까지 산 경우다. 계획대로 장수의 축복을 누리는 보상을 받는다. 두 번째, 100세까지 설계했는데 80세까지 산 경우다. 못다 쓴 돈이 아쉬울 수 있지만 크게 억울할 것은 없다. 남은 돈은 사랑하는 가족이 대신 누릴 것이다. 세 번째, 80세까지 설계했는데 100세까지 산 경우다. 수명이 길어지면서 최근 일본에서 나타나고 있는 현상이다. 노후 파산을 맞을 것이다. 나이 들어 파산은 최악이다. 네 번째, 80세까지 산다고 설계했는데 실제 80세까지 산 경우다. 이는 딱 맞는 설계다.

결론적으로 100세까지 산다고 가정하고 노후를 설계하는 게 가장 합리적이다. 그러므로 60세에 끝나는 지금의 직장이 인생의 전부인 양 미래를 담보하는 것은 어리석은 낙관이고 눈먼 전략이다. 100세까지는 앞으로 많이 남았다. 30세 청년이라면 70년, 40세 장년이라면 60년이나 남았다. 그러니 지금의 직장, 동료, 재산 등 모든 상황은 조만간 끝날 제1막일 뿐이다. 제2막에서는 소용없거나 없어질 것들이다. 이제는 제2막과 3막을 생각하며 더 먼 곳을 바라볼 때다.

# 욕망의 주인을
# 밝혀라

나는 자율적 주체인가? 생각의 주체는 나인가? 세상이 만든 고정관념에 흔들리지 않고 온전히 나 자신의 생각대로 살고 있는가? 2020년 2월 오스카 분장상을 수상한 일본계 미국인 카즈 히로는 인터뷰에서 이렇게 말했다.

"일본에서는 꿈을 이루기 어려웠고, 그곳의 순종적인 문화가 싫어 미국에 왔다."

그는 일본 국적을 포기하고 미국 시민권을 얻은 이유에 대해 "일본에서의 인간관계에 대해 고민하고 있었고 국적을 버림으로써 해결하고 싶었다. 또 개인의 정체성을 확립하기 위해 일본 국적을 버리는 편이 좋다고 생각했다"라고 설명했다. 한편, 우리는 지금도 국적을 불문하고 한국계 유명 인사가 등장하면 한국인 피가 섞였다는 이유로 호들갑을 떨곤 한다. 그러나 그들은 무늬만 한국인일 뿐이다. 이런 면에서 카즈 히로의 발언은 대단히 도발적이고 용기 있다.

## 당신의 욕망이 진짜 당신의 것인가?

프랑스 철학자 자크 라캉은 "인간은 타인의 욕망을 욕망한다"라고 말했다. 그에 따르면 인간은 자기 인생에서 두 번의 큰 '사기술'을 경험하고서야 '정상적인 어른'이 되는데, 그 첫 번째는 내가 아닌 것을 나라고 생각하면서 '나'의 토대를 얻는 것이라고 했다. 10살짜리 어린이가 무엇 때문에 100점을 받기 위해 그토록 열심일까? 명문대를 가기 위해 학원으로 향하는 수험생은 과연 무엇을 위해 자신을 옥죄며 공부하는 걸까? 우리들 대부분은 자신이 진정으로 원하는 것이 아니라 가족이나 부모, 사랑하는 연인, 사장이나 상사, 회사 그리고 더 나아가 이 사회가 원하는 것을 욕망하며 살아가고 있다.

유발 하라리는 저서 《사피엔스》에서 이렇게 썼다.

"사람들이 가장 개인적 욕망이라고 여기는 것들조차 상상의 질서에 의해 프로그래밍된 것이다. 예컨대 해외에서 휴가를 보내고 싶다는 흔한 욕망을 보자. 이런 욕망은 전혀 자연스럽지도, 당연하지도 않다. 침팬지 알파 수컷은 권력을 이용해 이웃 침팬지 영토로 휴가를 갈 생각 따위는 하지 않는다. 고대 이집트의 엘리트들은 피라미드를 짓고 자신의 시신을 미라로 만드는 데 재산을 썼지만, 누구도 바빌론에 쇼핑하러 간다거나 페니키아에서 스키 휴가를 보낼 생각은 하지 않았다. 오늘날 사람들이 휴가에 많은 돈을 쓰는 이유는 그들이 낭만주의적 소비 지상 주의를 진정으로 신봉하기 때문이다."

결국 현대의 인간은 인생 초기에는 부모로부터 걸음마 칭찬을 받기 위해, 타인의 욕망과 기대를 충족하기 위해 공부하고 경쟁하며 유년을 보낸다. 성년에는 타인이 만든 성공과 행복이라는 신기루를 얻기 위해 휘청거리다 노년을 맞는다. 그 과정에서 자기의 욕망을 감추기 위해 '겸손'이라는 위선을 자연스럽게 인생의 덕목으로 여기도록 강요당하기도 한다. 이런 인생에 나의 진짜 욕망은 어디에 있을까?

# 이제 그만
# 표류를 끝내고
# 나답게 살자

　우리는 살면서 많은 존경을 남발한다. 처음부터 그리된 건 아니다. 지금보다 나아지려고 모델로 삼고자 시작한 존경이 추종으로 변질되면 '나'는 사라진다. 내가 원하는 대로 살지 못하고 그가 원하는 대로 살게 된다. 이 존경의 부작용은 학력에 상관없이 생길 수 있는 일종의 바이러스 같아서 한번 걸리면 좀처럼 낫지도 않는다. 누구나 쉽게 걸릴 수 있지만 빠져나오기 힘든 올무 같은 것이다. 또한 존경의 대상이 변할 수 있다는 위험도 있다. 그래서 현명한 자들은 죽은 자를 존경한다.

　존경이 깊어져 숭배가 된 경우도 있다. 국제 종교 문제 연구소의 탁지원 소장에 의하면 한국에서 자신을 하느님이라고 주장하는 사람이 20여 명, 재림 예수를 자처하는 이가 50명이 넘는다고 한다. 자신을 신이라 주장하는 자들도 우습지만, 그걸 믿고 따르고 있는 자들도 우스꽝스럽다.

그러므로 누군가를 존경하기 전에는 스스로에게 질문을 던져야 한다. 그의 어떤 점을 존경하는가? 당신이 존경하는 그 부분이 그 사람에게서 사라져도 계속 존경할 것인가? 혹 우상화되거나 감상적인 존경은 아닌가? 남들을 따라 존경하는 군중 심리는 아닌가?

깨어 있지 않으면 존경의 노예가 된다. 집단 최면의 세계로 빠져드는 길목이 될 수도 있다. 특히 인간이 인간을 존경할 땐 여러 가지 부작용이 따른다. 살아있는 사람을 존경할 땐 더욱 위험하다.

## 나는 나, 너는 너

TV 프로그램 〈히든싱어〉에서 15년 경력의 어느 모창 가수가 고민을 말했다. 모창의 목소리를 벗어나고 싶다고, 자기 목소리를 내고 싶다고, 가수 흉내에 흠뻑 빠져 자기 목소리를 잃어 가는 게 싫어졌다고 말이다. 한때 존경과 우상화는 우리가 질서를 유지하는 훌륭한 버팀목이었으나, 한편으로 개인의 정체성과 창조성을 억누르기도 했다. 하지만 이제 남의 꽁무니를 졸졸 따라다니기에는 당신이 너무 성장한 어른이 돼 버렸다.

존경도 적당해야 한다. 가끔은 스스로에게도 존경심을 품어 보자. 당신은 진정한 '나'를 찾아 스스로 일어서야 한다. 당신이 따르고 존경하던 사람들은 떠나보내고 이제 당신이 무대의 주인공으로 등장할 때다. 개리 비숍은 《내 인생 구하기》에서 이렇게 말한다.

"대부분의 사람들과 마찬가지로 당신도 삶이 그냥 표류하게 내버려 뒀다. 하나의 드라마에서 다른 드라마로 두서없이 흘러가는 동안 당신은 제대로 개입해 본 적도 없었다."

그동안 남의 것처럼 살아온 삶을 멈춰라. 이제는 직접 끼어들 때다. 이제 그만 표류를 끝내라.

김종서의 노래 〈플라스틱 신드롬〉은 남들이 원하는 방식으로 살지 말자는 메시지를 담고 있다. '나는 나 너는 너'라는 가사는 타인의 자유를 존중하는 독립 개체로서 나와 타인을 보자는 의미다. 세계적인 첼리스트 장한나가 한 인터뷰에서 말한 것처럼 '나의 길을 나의 속도로 가겠다'는 것이다. 뮤지컬 영화 〈드림걸즈〉의 사운드 트랙으로 잘 알려진 비욘세의 노래 〈Listen〉에도 이런 가사가 나온다.

이제 난 찾아야겠어요. 나만의 것을(But now I gotta find, my own)

인생의 모든 출발점은 '나'의 존재다.

# 행복은 목적인가, 수단인가?

표준국어대사전은 행복을 '삶에서 충분한 만족과 기쁨을 느껴 흐뭇한 상태'로 정의한다. 그렇다면 행복은 수단일까, 목적일까? 주관적인가, 객관적인가? 논란의 여지가 많은 주제다. 일방적인 내 생각을 펼치기에는 너무 과분한 주제 같으니 아무래도 이를 깊이 연구한 철학자의 이야기부터 간단하게 살펴보려 한다.

만학의 아버지 아리스토텔레스가 그의 아들 니코마코스에게 들려준 《니코마코스 윤리학》에서 행복의 조건에 대해 이렇게 말했다. 첫째, 행복은 그 자체가 목적이어야 한다. 자연은 어떤 목적 없이는 아무것도 만들지 않았다. 곧 모든 것은 그 무엇을 위한 수단인데, 행복만큼은 그 자체가 목적이라는 이야기다. 둘째, 행복은 활동이다. 활동했을 때 느끼는 성취감은 활동의 부산물이다. 객관화와 계량화가 어려운 행복, 그러나 의지만 있으면 반복할 수 있는 명백한 활동이라고 주장한다. 셋째, 행복은 인생 전체에 걸친 활동이다. 제비 한 마리가 날아온다고 하루아침에 봄이 오지 않듯, 사람도 하루아침에 행복해지는 것은 아니다. 행복한 삶은 인생 전체를 걸친 지속 가능한 삶의 특질이다.

이런 아리스토텔레스의 관점과는 좀 다른 시각이 최근 생겨났다. '세계 100인의 행복학자' 서은국 교수는 저서 《행복의 기원》에서 행복을 '생존과 번식'을 위한 진화의 산물이라 했다. 금강산 구경을 하기 위해 밥을 먹는 것이 아니라, 인간의 본질적 욕구(식욕, 성욕)를 채우는 데 도움이 되기 때문에 금강산 유람(자아 성취)을 한다는 것이 최근 진화 심리학적 설명이다. 서은국 교수가 말하는 행복은 목적이 아닌 수단인 것이다.

## 성공보다 쉬운 행복

"행복은 인류의 영원한 숙제다. 우리는 이 숙제를 포기할 수 없다. 우리는 모두 행복해지기 위해 태어났기 때문이다."

아리스토텔레스가 말한 행복의 또 다른 정의다. 행복이 수단이든 목적이든 우리 삶에서 중요한 명제임은 틀림없다. 행복에 대해 100명에게 질문하면 100개의 대답이 돌아온다. 가난할 때는 부를, 아플 때는 건강을, 헤어져 있을 때는 만나는 것을 행복이라 말하는 것처럼 때에 따라 다르게 정의되기도 한다.

일반적으로 사장은 회사의 성공에서 행복을 추구하는 경향이 강하다. 회사를 자기의 분신으로 생각하기 때문이다. 한마디로 회사의 성공이 곧 사장의 성공이다. 이에 비해, 직장인은 회사의 일부 프로젝트에서 맞는 작은 성공, 혹은 회사 밖 가정이나 취미 생활에서 행복을 추구하는 편이다. 사장은 회사를 행복의 주체로 보지만 직장인은 회사를 행복을 추구하는 하나의 수단으로 본다. 그래서 같은 상황, 같은 공간에서 느끼는 사장과 직원의 행복도는 다르다. 사장이 행복해도 직원이 행복하지 않은 경우도 있고, 사장이 힘들어도 직원은 별 영향이 없는 경우도 있는 것이다.

사장과 직장인 중 누가 더 행복에 빨리 접근할 수 있을까? 행복은 지극히 주관적인 가치라 한마디로 단언하기는 어렵지만 직장인이 행복에 가까워지는 지름길을 택하고 있다는 생각이 든다. 성공은 타인의 잣대고, 행복은 자기의 주관적 잣대이기 때문일 것이다.

성공은 성취라는 쾌락을 동반하고 리셋되는 특성이 있다. 그 휘발성으로 반드시 허무감이 따른다. 타인의 눈높이에 맞춘 것이라 때로는 변덕스럽고 욕망의 크기도 무한대라 종착역 없이 달리는 열차와 같다. 반면, 행복은 언제나 선택할 수 있는 내 마음속의 손잡이 같아서 필요할 때 언제든지 잡아당기기만 하면 붙잡을 수 있다. 그 길이와 끝을 내가 결정할 수 있다. 그래서 성공하기보다 행복하기가 더 쉬운 것이다.

# 웰빙은 포기가 아니라
# 노력이다

한편 행복과 밀접하게 맞닿은 직장인의 '웰빙'을 생각해 보자. 일반 회사, 특히 대기업에서 임원이 된다는 것은 군대에서 별을 다는 것만큼 힘든 일이다. 그만큼 능력도 인정받고 열심히 일해야 가능한 자리기 때문이다. 그래서 사람들은 기업에서 임원을 목표로 삼으면 자연스럽게 웰빙은 포기하는 것으로 간주한다. 반대로 웰빙을 추구한다는 것은 그 경쟁을 포기하는 뜻으로 해석되곤 한다. 즉, 열심히 일해서 성공의 상징인 임원이 되든지, 아니면 성공은 포기하고 퇴근 후의 안정된 여가를 즐기든지, 이 두 가지 중 하나만 선택할 수 있다고 생각한다.

하지만 과연 그런가? '카르페 디엠(Carpe diem, 현재를 잡아라)'이라는 말이 있다. 승진하고 미래에 큰돈을 버는 것보다 현재 일에 만족하고 즐기는 것이 더 중요하다는 뜻이다. 숙명여자대학교 서용구 교수는 최근 칼럼 〈뉴노멀이란 무엇인가〉에서 이렇게 말했다.

"결과 중심에서 과정 중심으로 일의 철학이 변하고 있다."

이제 '노력하면 반드시 결과는 따라온다'는 과거 슬로건은 '지나친 열정은 오히려 해가 된다'는 문구로 대체되고 있는 것이다.


## 무엇을 추구하든 항상 최선을 다해야 한다

웰빙은 노력 없이 거저 오지 않는다. 단순히 경쟁을 포기하거나 가만히 있으면 알아서 찾아온다는 생각은 오해다. 웰빙은 나름의 계획과 준비가 필요하고 열심히 노력해야 도달할 수 있는 하나의 목표다. 당신이 직장인이라면 노력이냐, 포기냐를 고민할 게 아니라 어느 쪽이든 '지금은 열심히 노력할 때'라는 것을 잊지 말자. 둘 중 무엇을 선택하더라도 달려야 한다. 열심히 살아야 웰빙이든 성공이든 훗날 원하는 문이 열릴 것이다.

그런데 처음부터 한쪽을 포기하면 당신이 진정으로 바라는 결과를 얻지 못할 수 있다. 웰빙을 선택했다고 성공에 대한 노력을 전혀 하지 않는다면 어떨까? 웰빙은 성공이나 경쟁을 포기하는 게 아니다. 또 다른 행복을 위한 또 다른 노력이라는 것을 명심하자.

결론을 내야겠다. 행복이 수단인가, 목표인가? 사실 학자들 간에는 논쟁

거리가 될 수 있겠지만 일반인에게는 그럴 필요가 없다. 왜냐하면 목표라면 도달해야 하는 지점이고, 수단이라면 거치는 과정이기 때문에 행복의 최종 소비자인 우리들은 둘을 구분하는 게 큰 의미가 없다. 학자에게는 이를 구분하는 일이 의미 있겠지만, 연구 목적이 아니라면 우리에게 행복은 더불어 살면서 즐기면 따라오는 것이다.

한편, 타인들은 나의 행복에 무심하다. 그러므로 나의 행복은 스스로 챙겨야 한다. 행복은 주어지는 게 아니라 스스로 만들어 가는 것이다. 내가 행복해지려고 노력하다 보면 그 과정에서 행복해진다. 행복은 조건보다 행복해지려는 의지가 더 중요하다. 행복해지려는 의지의 축적되면 행복이 찾아온다. 이제 우리는 아파트 면적을 넓힐 게 아니라 행복의 면적을 넓히는 것이 진정한 삶이 될 것이다. 지금 당신의 행복 평수는 몇 평인가?

# 듣고 싶은 평판을
# 만들어라

 

 

우리는 거울을 보고 얼굴과 옷매무새를 가다듬는 것처럼 남들의 눈에 비친 자신의 성격, 태도, 가치 같은 정체성을 만들어 간다. 예를 들면 누군가 내게 착하다고 말하면 나도 내가 착하다는 생각이 들고, 내게 예쁘다고 말하면 내가 예쁜 사람이라는 느낌을 갖는 것이다. 그래서 그들의 기대대로 착한 사람, 예쁜 사람처럼 행동하게 된다. 미국의 사회 심리학자 쿨리는 이렇게 형성된 사회적 자아를 '거울 자아'라고 표현했다. 자신의 마음에 비친 '타인의 평가'에 의해 자아가 형성된다는 이론이다.

우리는 외딴섬에 완전히 고립되지 않는 이상 평생 사람들의 시선에 좌지우지된다. 인간은 누구나 평가받는 것을 두려워하며 타인의 시선을 신경 쓴다. 동시에 늘 마음속으로 다른 사람을 판단하고 평가한다. 다소 차이는 있지만 다른 사람의 평가에서 자유로운 사람은 없다. 하지만 그 누구도 타인을 제대로 이해하는 것은 불가능하다. 그러므로 타인에 대한 평가는 아무리 잘해도 조금씩은 어긋나기 마련이다. 평가는 대체로 무성의하고 왜곡돼 있다.

사람이 살면서 남들의 평가에서 벗어나기란 현실적으로 불가능한 일이다. 그런데 우리의 행동이나 말을 전혀 평가받지 않는다면 어떻게 될까? 《평가받으며 사는 것의 의미》의 저자 지야드 마라는 아무에게도 평가받지 않는 삶을 '네트 없이 치는 테니스'로 비유한다. 타인과 내가 아는 나의 모습이 다르기 때문에 자아가 다채롭게 발전하고 성장할 수 있다는 것이다. '내가 생각하는 나'와 '상대방이 생각하는 나' 사이의 격차를 줄이기 위해 노력하는 과정에서 우리는 평가를 넘어설 수 있다. 그렇게 더 나은 사람이 되는 법을 배우고 진화하면서 단단한 자아를 만들어 간다.

## 당신이 자리를 비웠을 때 메워지는 것

인생은 기록의 연속이다. 집 밖으로 나가는 순간부터 CCTV와 교통 카드, 자동차 내비게이션 등 나의 동선이 데이터로 기록된다. 주고받는 문자 메시지, 카카오톡 메시지는 인간관계를 정량적으로 보여 준다. 빅데이터 관점으로 보면 태어날 때부터 죽을 때까지 나의 일거수일투족이 데이터로 기록되는 셈이다.

현실도 마찬가지다. 지금 이 순간에도 나에 대한 데이터가 회사 동료, 주변 사람들의 뇌에 쌓이고 있다. 우리가 흔히 '○○ 씨' 하고 누군가를 지칭할 때 떠오르는 이미지로 각인되는 것이다. 의도했든 아니든 내가 전달하는 메시지가 곧 나의 이미지가 된다. 이 이미지에 대한 평가가 바로 '평판'이다.

아마존의 CEO 제프 베조스는 평판을 "당신이 자리를 비웠을 때 사람들이 당신을 두고 하는 말"이라고 했다. 당신이 떠난 자리에 메워지는 것이 평판이다. 평판은 자기 브랜딩으로 만들어진다. 직장인의 자기 브랜딩은 의도적인 이미지 메이킹이다. 회사에서는 당신이 생각하는 것보다 당신의 이야기가 도마 위에 자주 오르내린다. "그 사람 어때?", "일 잘하나?", "사람은 좋은데 일 처리는 별로인 거 같아" 등의 말이 오가는 것이다.

모두 두루뭉술한 이미지 평가다. 즉, 평판은 사실이나 이성보다 감정이 더 많이 실린 정성적 평가가 대부분이다. 그래서 평판 관리를 할 때 이 점을 염두에 둬야 한다. 이것이 바로 실력만큼 태도가 중요한 이유다.


## 어떻게 평판을 제작해 갈 것인가?

"평판까지 신경 쓰면서 살 필요 있나? 그냥 보이는 대로 살면 되지…."

이렇게 생각하는 사람도 있을 것이다. 그렇지만 생각 없이 살면 사는 대로 생각하게 되고, 생각하면서 살면 생각대로 변할 수 있다. 삶을 운명에 맡기기보다는 원하는 대로 사는 쪽이 인생의 주인답지 않을까? 우리는 각자의 삶의 주인이기 때문에 작가의 마음으로 '평판 제작'에 임해야 한다. 지금까지 당신이 만든 인생 데이터와 이미지의 저작권은 당신에게 있고, 미래 스토리에 대한 기획과 제작 역시 당신에게 달렸다. 원하는 대로 이미지를 만들려면 자신만의 생각과 노력이 필요하다.

당신이 만든 이미지가 세상의 공감을 얻으려면 몇 가지 핵심 요소가 필요하다. 희망, 사랑, 용기, 에너지 등의 긍정적인 이미지다. 뻔해 보이지만 사람들은 냉소적이고 부정적인 이미지를 싫어한다. 또한 쾌락적이고 감각적인 이미지는 순간의 인기는 얻을 수 있으나 지속되기는 어렵다. 이는 개인, 단체, 사회 구분할 것 없이 공통적으로 적용되는 법칙이다.

걸어 다니는 대기업이라 불리는 한국의 아이돌 그룹 방탄소년단(BTS)을 살펴보자. 그들의 앨범 스토리 라인은 크게 10대의 꿈, 행복, 사랑 등으로 구성됐다. 그리고 멤버들이 직접 작사, 작곡, 프로듀싱에 참여한다. 주어진 역할만 하는 게 아니라 본인들이 생각하는 역할과 이미지에 맞게 노래를 끌고 간다는 점에 주목하게 된다.

나는 직장인의 삶도 이와 비슷하다고 생각한다. 자신만의 철학과 주도적인 행동으로 다져진 이미지 관리 말이다. '나에 의한, 나를 위한, 나의 이미지' 제작이다. 또 내 안의 본성과 외부로 보여 주는 태도 사이에서 내 주장의 완급 조절이 필요하다. 강하게 나갈지, 적당히 맞춰 줄지, 아니면 주장을 굽힐지 등등 당신의 평판을 위해 행동을 조절하는 것이다.

# 가장 나다울 때
# 존재 가치가 생긴다

"가장 개인적인 것이 가장 창의적이다."

영화 〈기생충〉의 봉준호 감독이 아카데미 감독상을 수상하고 마틴 스코세이지 감독의 말을 인용해 말했다. 잘못하면 자기중심적이거나 민족주의, 국가주의로 빠질 수 있는 말이지만 봉감독은 이를 '가장 한국적인 것이 가장 세계적인 것이다'라는 명제로 승화했다. 자기의 정체성을 잃지 않으면서 세계적인 공감을 이끌어 낸 영화를 만든 그가 수상 소감 또한 그답게 표현한 것이다. 각자 다른 일상, 내면의 깊숙한 이야기들을 표현하다 보면 저마다의 개성과 정체성이 오롯이 드러나게 된다. 바로 그 순간이 가장 창조적이라는 뜻이다.

음악 세계에서도 이런 이야기를 찾아볼 수 있다. 비틀즈의 매니저 브라

이언 엡스타인은 1961년 11월 캐번 클럽에서 비틀즈와 처음 마주했을 때 "난 바로 그 소리가 마음에 들었다. 그들은 신선하고, 정직했으며, 내가 생각하는 일종의 존재감을 가지고 있었다"라며 당시 상황을 회고했다. 비틀즈의 폴 매카트니는 이렇게 말했다.

"우리는 스스로의 의지를 굽히지 않고 생각한 것을 솔직하게 표현했어요. 그것이 어떤 면에서는 세상의 다른 사람들에게 스스로에게 솔직해도 된다는 생각을 불어넣은 것이죠. 사실 좋은 일이에요."

## 안과 밖이 균형적일 때 호감이 된다

영화인, 음악인은 가장 대중적인 소통의 최전선에서 시대 정신을 가장 잘 반영하는 사람들이다. 나는 최근 100년간 가장 인기를 끌고 있는 비틀즈와 BTS가 우리 개인의 이미지 관리에 독특한 영감을 주고 있다고 느꼈다. 그들은 사람들이 원하고 향하는 것을 가장 잘 대변하고 있다.

BTS의 노래 〈불타오르네〉에서 "니 멋대로 살어 어차피 니 꺼야 애쓰지 좀 말어 져도 괜찮아… 싹 다 불태워라"라는 가사도 독특하다. 남의 이야기를 경청하고 타인의 정체성을 존중하되, 상대가 평가하는 내 개성의 호불호를 너무 민감하게 받아들일 필요가 없다는 게 이 시대의 흐름이다. 자기만의 이야기가 있어야 한다. 그러자면 솔직해질 수밖에 없다.

'창조적'이라는 말은 거창한 단어가 아니다. 그냥 자기만의 고유한 콘텐츠를 솔직히 이야기하면 그게 바로 창조적인 스토리가 된다. 이 세상에 단 하나밖에 없는 이야기다. 꼭 대단한 성공 이야기가 아니어도 좋고 말솜씨가 다소 떨어져도 괜찮다. 당신만의 이야기를 갖게 되면 당신은 자연스럽게 모두가 만나서 이야기하고 싶은 사람이 될 것이다.

사람은 호기심이 가는 사람과 친해지고 싶어 한다. 사람들이 가장 만나기 싫어하는 사람은 이야깃거리가 없는 사람이다. 또 자기 이야기는 없고 남 이야기만 하는 사람이다. 그런 사람을 만날 바에야 차라리 좋은 강연을 듣는 게 백번 낫다. 강연은 적어도 제대로 된 지식이나 인생 교훈이라도 얻게 될 테니까 말이다.

우리는 소문이나 평판이 실제 모습과 일치한 사람을 만났을 때 "역시 듣던 대로군!"이라고 말한다. 모든 일이 그렇듯이 내부와 외부의 균형이 필요하다. 이미지 메이킹에 성공했지만 "막상 만나 보니 별로다"라는 평가를 받는 사람도 있다. 이왕이면 명실상부한 사람이 좋다.

우리는 살면서 가끔 착하기도 하고 조금은 나쁘게도 행동한다. 늘 선한 일만 하고 죄를 짓지 않는 사람은 없다. 가끔은 부끄러워 남의 눈치를 봐야 할 때도 있고, 배려해야 할 때도 있으며, 때로는 감추고 싶어 가식을 떨어야 할 때도 있다. 남 시선을 전혀 의식하지 않고 독불장군처럼 살기도 힘들지만 남의 시선만을 의식하며 연예인처럼 이미지 관리만 하기도 힘들다. 타인의 눈에 너무 집중하다 보면 나를 잃어버리게 된다. 마찬가지로 자신에게만 몰입하다 보면 주변을 잃어버리게 된다. 우리는 타인의 시선은 의식하되, 깨어 있는 마음으로 자기를 바라봐야 한다. '자기만의 가치를 자기의 속도로 표현하는 것', 그게 좋은 이미지와 평판을 만드는 출발점이 아닐까.

배우 김응수는 20년 동안 반지하에서 처가살이하면서 별 주목을 받지 못했다가 영화 〈타짜〉에서 "묻고 더블로 가"라는 대사로 스타가 됐다. 덕분에 무려 130개의 광고 요청이 쏟아졌는데, 그는 힘든 상황에서도 딱 5개의 광고만 엄선했다. 이미지 남용을 막기 위해 절제력을 발휘한 것이다.

# 스펙과 학벌을
# 뛰어넘는 가치가 있다

지금까지의 세상이 '모범생'들의 것이었다면, 앞으로는 '모험생'들의 세상이 될 가능성이 크다. 미래는 과거보다 훨씬 많은 것이 변할 테고 그 중 대부분은 예측할 수 없는 변화다. 코로나19 같은 상황이 또 예고 없이 찾아올 수 있는 것이다. 과거의 정치 변혁기의 정주영 같은 '초등 학벌 왕 회장'의 탄생이 그랬고, 최근 경제 변혁기에 뜨고 있는 유니콘 기업의 창업 자들을 봐도 그렇다. '배달의민족' 김봉진 대표, '야놀자' 이수진 대표, '여기 어때' 심명섭 대표 등 그들은 모두 공고 또는 전문대 출신이다. 음식점 '스 쿨푸드', '김작가의 이중생활' 등으로 유명한 외식 업체 'SF이노베이션'의 창업자 이상윤 CVO(최고비전책임자)는 중학교를 중퇴했다. 이 밖에도 유명한 CEO 중에 명문대 출신이 아닌 사람이 많다.

사실 사업할 때 과한 학벌은 필요하지 않다. 사업에서 강조되는 덕목은 학벌이 아니라 다른 것들이기 때문이다.


## 42킬로미터 중 고작 5킬로미터에 휘둘리지 마라

일반적으로 사람들은 SKY대 콤플렉스가 있다. 없어도 적어도 부러워는 한다. '수능'이라는 원치 않는 리트머스 시험지로 인생 전체를 규정하는 과정을 거치다 보니, 학벌은 누구에게는 은총이 되고 누구에게는 낙인이 된다. 특히 인생 초반에 큰 좌절감을 안겨 주기도 한다. 인생을 42.195킬로미터 마라톤에 비유했을 때 일류 대학에 들어가는 것은 초반 5킬로미터쯤 선두 그룹에 속한 경우다. 비슷한 맥락으로 지방대 콤플렉스도 있다. 지금 한국은 일명 '인서울'로 불리는 수도권 대학과 지방대 간의 격차로 갈등을 겪고 있다. 지방대가 무엇인가? 단지 학교가 지방에 있어서 지방대다. 하지만 이런 지역적 한계는 인터넷이 활성화되면서 점차 희석되고 있다.

출발 후 5킬로미터 지점에서 선두를 달리면 거리나 심리적으로 상당히 유리하다. 그래서 그 우월감 혹은 열등감에 평생 휘둘리며 사는 사람도 상당히 많은 것 같다. 하지만 겨우 5킬로미터로 승부를 결정할 수는 없다. 일부는 초반의 기세를 쭉 밟아서 인생 전반을 성공 레일 위에 놓을 테지만, 명문대 간판만 자랑하면서 일찌감치 안주하는 이도 있다. 반대로 초반에는 별 두각을 보이지 못해도 15킬로미터 지점, 25킬로미터 지점에서 발군의 실력으로 맹추격해 선두로 진입하는 사람도 많다.


## 리더십과 판단력은 시험 점수로 판단할 수 없다

여기서 수능 시험에 대해 잠깐 생각해 보기로 하자. 수학 능력 시험의 '수학 능력(修學能力)'이란 대학에 입학해 공부를 잘할 수 있는지를 알아보는 능력이다. 어디까지나 공부를 잘할 수 있는 '가능성'을 의미하는 것이지 '실제' 능력은 아니다. 나아가 졸업 후 사회생활에서 능력을 발휘하는 것과도 별개다.

그럼에도 수능 시험으로 미래의 능력을 확대 해석하는 게 우리들의 현실이다. 사실 수능 시험 과목의 면면을 보면 대개 실생활에서는 별 쓸모가 없다. 이 사회에서 필요한 능력은 적당한 글솜씨, 확실한 매너, 의리, 영업력, 상황 판단력, 조직 리더십 등이다. 높은 수능 점수보다 이런 능력들이 성공 포인트가 될 것이다. 그래서 수능 성적이 우수한 사람 중 일부는 '공부만' 잘하지 나머지는 별 볼일 없는 낙오자가 되기도 한다. SKY대 출신들의 지적 DNA는 보편적인 성공 인자로 보기도 어렵고, 혁신적 사고를 기반으로 하는 미래 사회 적응 능력을 담보할 수도 없다. 또 합격을 가르는 기준도 별 차이가 없다. 문제 한두 개로 SKY와 그다음 대학이 판가름된다. 줄 세우기의 결과다. 문제는 우리가 그런 기준과 제도에 쉽사리 승복하고 '패자' 배지를 평생 가슴에 달게 되는 사회적 인식에 있다. 왜 우리가 철없는 나이에 어른들이 만든 제도에 낙인찍히고 평생을 사로잡혀야 하는지 자문해 봐야 한다. 지금까지 한국은 수능이라는 제도가 만든 울타리 안에 든 사람만이 탁월하다고 평가했다. 하지만 실제로 누가 탁월한지는 모를 일이다.

고시 제도에 대해서도 생각해 보자. 이 제도의 핵심은 탁월한 기억력을 바탕으로 한 지력이다. 이것이 중요하다 해도 법전이나 판례를 달달 외는 것으로 변화무쌍한 인공 지능 시대에 걸맞는 리더십을 발휘할 수 있을지는 의문이다. 빅 메모리에 불과한 기능을 무한한 창의성, 리더십과 비교하는 게 맞지 않다고 보는 것이다. 정보가 부족한 시절에는 특정 정보의 독점으로 판단의 우월성을 기대할 수 있었지만 이제는 그렇지 않다. 정보력만큼은 일반인들도 전문가와 큰 차이가 없어졌기 때문이다.

최근 일부 판사나 고위 공직자의 편향된 사고가 상식을 거스르는 조치나 판례를 불러 사회 정의가 오염된다는 우려가 커지고 있다. 과연 수능 시험이나 고시가 이런 부분을 가려낼 수 있는지 의문이다.

# 멈추는 사람과
# 너머를 보는 사람

수능이든 고시든, 단 한 번의 승부로 일류 열차에 올라탄 사람 중에는 실제로 능력이 없거나 게으른 자들이 가끔 있다. 그들은 스펙을 자랑스러운 훈장으로 삼아 안주하거나, 그 간판으로 현재의 무능함을 감추고 살아간다. 과거에 매몰된 채 살아가는 것이다. 그 명예의 전당이 만든 각종 모임과 집단의 이기적인 폐쇄성으로 인해 창조성을 방해받고 점차 야성을 잃는다. 이처럼 명문대 학벌이 인생의 최고 목표였던 사람들은 거기에서 멈추고 만다. 반면 학벌을 하나의 수단으로 생각한 사람은 그 너머를 바라본다.

사람들은 축구 선수 박지성의 학벌에 큰 관심이 없다. 그가 올림픽과 맨체스터 유나이티드에서 보여 줬던 뛰어난 기량을 기억할 뿐이다. 국가 대표이자 세계 최고 배구 선수 김연경의 학벌에도 별 관심이 없다. 나아가 아무도 유재석, 강호동, 김연아, 박찬호, 박세리, 박인비, 봉준호의 학벌이나 출신을 따지지 않는다. 업의 속성상 학벌이 중요하지 않은 이유도 있지만 그들은 이미 학벌의 허들을 뛰어넘은 인재들이다. 우리나라 역대 대통령인 전두환, 이명박, 노무현, 김대중도 상고, 공고 출신이다. 진짜 능력자들은 바라보는 목표 지점이 다르다. 이들은 과정에서 얻는 간판보다는 자신의 목적에 이르기 위해 효율을 더 중시하는 경향이 있다.

## 학벌을 과감히 포기한 사람들

탤런트 중에는 학벌의 껍데기를 의도적으로 벗어던진 사람들이 몇 있다. 얼마 전까지만 해도 연예인을 비롯한 유명인의 입학은 학교의 지명도를 높인다는 이유로 특례 입학이나 가점 입학이 이뤄져 왔다. 그런 점에서 유명 연예인은 대학에 입학하기 훨씬 수월했다. 그래서 이들이 명문대 입학을 포기한다는 것 자체가 하나의 뉴스거리였다.

김인구 기자가 쓴 책의 제목이기도 한 '개념 연예인'이라는 말도 생겼다. 자신의 분야에서 최고로 인정받으면서 소신 있게 행동해서 대중의 관심을 받는 진짜 개념 연예인 이야기다. 다음은 누구나 가고 싶어 하는 명문대 입학을 포기한 가수 아이유와 수지가 한 말이다.

"대학 진학을 해도 학교를 제대로 못 나갈 것 같아 꼭 갈 필요는 없는 거 같다고 생각한다."

"출석도 자주 못할 텐데 대학 꼭 가야 하나?"

그들은 현재 발휘할 능력을 중요시하며 학벌을 오히려 거추장스러운 장애물로 생각하는 경향이 있다.

## 오직 실력만 증명한 사람들

일부 탁월한 사람은 학벌을 통과 의례로 생각한다. 그들은 남들과 견줄 만한 실력이 있다는 것만 증명하고 바로 학벌을 외면했다. 합격은 했지만 중퇴하거나 휴학하는 경우다.

- 천재 첼리스트 장한나는 현재 노르웨이의 트론헤임 교향악단의 상임 지휘자 겸 예술 감독이다. 그는 하버드대학교에서 철학을 공부하다가 휴학했다.
- 페이스북 설립자 마크 주커버그는 하버드대학교에 입학해 컴퓨터 과학 및 심리학을 전공했으나 중퇴했다. 그는 고등학교를 다닐 당시 서양 고전 과목에서 우수한 성적을 거뒀고 과학과 서양 고전 연구 과목에서 재능을 보였다.

- 빌 게이츠는 하버드대학교에 진학해 응용 수학을 전공했으나 재학 중 폴 앨런과 함께 마이크로소프트를 설립하고 학업을 중단했다.
- 폴 앨런은 SAT 만점자로 워싱턴주립대학교에 입학했으나 2년 만에 중퇴하고 빌 게이츠와 함께 마이크로소프트를 설립했다.

이들의 공통점은 자기 인생의 목적 때문에 중퇴한 것이다. 자기의 인생 길에서 대학 공부나 졸업장이 더 이상 큰 의미가 없다고 보며 불필요한 노력은 시간 낭비라고 판단한 결과다. 아마 그들이 대학 졸업장을 위해 다시 공부하지는 않을 것이다.

우리 사회는 아직까지도 껍데기에 목숨 거는 경우가 많다. 은퇴 후에도 실사구시가 아니라 못다 한 박사 학위나 졸업장에 집착하는 이가 많다. 이른바 '한풀이'로, 콤플렉스를 해결하기 위한 공부다. 아마도 사농공상의 전통 사상이 아직 가시지 않은 탓도 있을 테고, 석박사를 우대하는 사회 분위기도 한몫했을 것이다.

# 현재를 지배하는 자가
## 과거를 지배한다

사람들은 공정과 평등을 부르짖으면서도 정작 본인은 차별하는 이기적인 성향이 있다. 일류 대학 출신일수록 내면은 자신의 우월성을 어떤 형태로든 과시하고, 보상받고, 영향력을 행사하고 싶어 한다. 그들은 삼류와 동일시될 때 금방 불쾌감을 드러낸다. 최근 이슈인 비정규직의 정규직 전환 추진 과정에서 기존 정규직들이 보인 반대나 거부감이 바로 이런 심리다. 그래서 이들은 자기와 같은 출신의 후배들을 직간접적으로 환영하고 챙긴다. 인간적이어서가 아니라 이기심으로 챙기는 것이다. 만난 적도 없고 같이 공부한 적도 없는 생면부지 사이지만 동문이라는 명분 하나로 살갑게 대한다. 이 얼마나 허구적인가? 정치, 산업, 학교 사회 등 전반적으로 퍼져 있는 뿌리 깊은 속성이다. 영리한 자들은 이를 역으로 활용한다. 이런 이기적인 동문 타령은 한국뿐만 아니라 미국, 유럽 다 비슷하다.

# 학벌 콤플렉스는 극복하기 쉽다

나는 학벌이 중요하지 않다고 생각하는 사람이다. 실력만 갖추면 명문대 졸업장이 무슨 소용인가. 하지만 이건 어디까지나 나만의 생각이고, 원하는 것을 얻으려면 세상의 기준에 따라야 한다는 것을 깨닫기까지 그리 오랜 시간이 걸리지 않았다. 《1984》를 쓴 조지 오웰의 말처럼 기억은 조작되고, 현재를 지배하는 사람이 과거를 지배한다. 그래서 나는 현재를 바꾸기로 했다. 그들의 눈에 맞는 간판을 입어야겠다고 생각한 것이다. 정석적으로 실력으로 보여 주려 한다면 너무나 많은 노력과 시간이 낭비된다. "○○대학 출신입니다"라고 말하면 1분 만에 통하는 것을 구태여 돌아가지 않아도 되는 것이다.

학벌을 해결하는 게 크게 어렵거나 절차가 복잡한 건 아니다. 단지 포장을 바꾸면 된다. 본인의 능력이 정말 탁월하거나 위대한 인물이라면 학벌은 아무런 문제가 되지 않지만, 성공 사다리를 타고 싶은 사람들에게는 학벌이 중요할 때가 많다. 학벌, 동문 이런 것을 따지는 문화가 있기에 되도록이면 여러 명문 대학으로 포장해 둘 필요가 있다. 그러면 학벌도 커버하면서 공부도 하고 교우 관계도 넓히는 일석삼조의 효과가 있다.

최고의 대학원을 가야 한다. 명문 대학원일수록 야망 있고 돈 많고 간판 괜찮은 인물들이 몰린다. 사람들의 생각은 다 비슷하기 때문에 이는 비즈니스에서 상당히 효과적인 방법이다.

나는 SKY를 비롯한 8개의 대학원 최고위과정을 수료한 덕분에 내가 만나는 사장, 웬만한 사람과 거의 전부 동문이다. 그래서 나는 동문이랍시고 찾아오는 사람에게 무덤덤하다. 역설적인가? 하지만 이런 학벌주의는 지금까지 그래 왔듯이 앞으로도 계속될 것이다. 사람들은 부지불식간에 학벌을 중시하는 사고를 이성적으로, 논리적으로 비판하지만 현실은 정반대로 움직이고 있다. 그게 인간의 이중성이고 감춰진 우리네 속성이다.

물론 이런 최고위과정들은 목적을 이루기 위해 수료했지만 일부는 배움이 좋아서 수료한 것들이다. 당신이 지금 임원급이라면 장차의 예비 제너럴리스트로서 이 방법을 한 번쯤 참고해 봐도 좋겠다. 이 세상은 내가 선택하지 않으면 세상이 나를 선택한다. 이것이 당신이 주체적으로 판단하고 움직여야 하는 이유다.

# 학벌과 스펙은
# 필요에 따라
# 가치가 다르다

한편 일류 학벌, 고급 스펙이 꼭 필요한 경우도 있다. 일부 대기업, 공기업은 공식적으로 표시하지 않더라도 내부 채용 기준을 갖고 있다. 특히 초기 학벌, 초기 성적이 가장 중요한 직종은 단연 법원과 검찰 조직이다. 판검사들은 단 한 번의 고시 성적이 일생을 좌우한다. 좋은 성적이 좋은 출발을 보장하고, 성적 하나로 누리는 후광 효과가 이만큼 큰 조직도 없을 것이다. 조직에 있는 동안은 계속 따라붙어 점점 더 격차가 커진다. 부유한 사람은 계속 부유해지고, 가난한 사람은 계속 가난해진다는 '마태 효과'가 적용된다.

연주자 세계에서도 출신 대학과 수상 경력은 아주 중요하다. 세계적인 피아니스트, 바이올리니스트, 첼리스트는 베를린 ○○대학, 뉴욕 ○○대학, ○○콩쿠르 수상, 수석 입학, 수석 졸업 등이 그의 간판이다.

이와 반대로 작곡가는 이런 간판보다는 '히트곡'을 만들었다는 것만으로 충분하다. 학벌이 뛰어나도 좋은 작품이 없으면 끝이다. 게다가 학벌보다는 우리가 생각지도 못한 능력이 필요하기도 하다. 조승연의 《생각기술》에 의하면 "음악은 감정의 표현이지만 그 감정을 온전히 효과적으로 전달하고 정밀하게 나타내려면 논리적 분석과 수학적 이해가 수반돼야 한다". 사람들의 생각과 달리 음악은 수학에서 나온다. 바흐가 음악의 아버지로 불리는 이유도 그의 수학적 분석력 덕분이다. 베토벤, 쇼팽, 리스트 역시 바흐의 신봉자였다.

## 학벌과 스펙의 한계는 전략으로 극복한다

결국 학벌이나 스펙은 직종과 필요에 따라 선택하는 전략의 문제다. 취업을 준비하는 대학생에게 학벌은 중요하다. 사회 경험이 없는 학생의 잠재 능력을 예측하는 유일한 척도이기 때문이다. 공부를 잘했으니 머리도 좋을 테고, 회사 일도 잘할 거라는 확대된 기대감이다. 이에 더하여 대학교의 명성과 인맥을 회사에서 활용하려는 의도도 있다. 그래서 좋은 대학은 곧 좋은 직장과 멋진 인생으로 이어진다는 공식이 생겼으니, 다들 머리를 싸매고 명문대에 가려는 것이다.

물론 성과가 수치화되거나 실력이 분명히 드러나는 영업, 기능, 전문 영역에서는 학벌보다 능력을 우선한다. 반면 성과 측정이 애매한 기획 등의 인문 계열직은 정성적 평가를 많이 하기 때문에 초기 학벌의 영향이 근무 내내 지속되는 경향이 있다.

종합하면, 고시 성적이 상위권이라면 법조계, 공무원 등으로 가는 것이 유리하고 일류 대학 출신이라면 기업의 기획이나 경영 지원 등의 영역으로 가면 노력 대비 성공할 가능성이 더 높을 것이다. 하지만 학벌도 별로고 스펙도 특별하지 않다면 정량적 평가가 분명한 업무를 선택하는 것이 더 나은 전략이 될 것이다. 개인 사업을 하거나 전문 기술직, 영업직도 하나의 선택지가 될 수 있다. 찬밥 더운밥 가릴 처지가 아니라면 모르겠지만 선택할 수 있다면 좋은 학벌과 스펙으로 앞서간 이들을 떠받들고 보조나 해야 하는 불공정 게임에는 애초부터 끼지 않는 게 좋을 것이다.

## 당신에게 진짜 필요한 게 무엇인가?

학벌은 노력해서 얻을 수도 있고, 부모덕으로 얻을 수도 있고, 뜻대로 되지 않을 수도 있다. 하지만 실패했다고 콤플렉스를 갖거나 부정적인 굴레에 빠지지 않도록 주의해야 한다. 학벌에 목매지도 말고 불필요한 시간 낭비도 하지 말자. 주어진 학벌에서 최선의 방법과 실력으로 자기 목표에 접근하자.

또 하나 주의할 점이 있다. 앞서 언급한 공고, 전문대 출신의 유명 CEO

들이 학벌이 낮은 것을 보고 '나도 할 수 있겠다'는 자신감을 갖는 것은 좋다. 그러나 그들의 명성 뒤에 가려진 치열한 노력과 열정을 과소평가하지는 말아야 할 것이다. 그들은 학벌 없이도 선택과 집중을 통해 자기 분야의 정상에 오른 고수들이다.

중요한 것은 당신이 추구하는 일이 과연 학벌이 필요한 건지, 자격증이 필요한 건지, 진짜 실력이 필요한 건지 정확히 통찰하고 효율적으로 움직이는 것이다. 학벌, 스펙에 갇히지 말고 당신만의 자유롭고 독자적인 인생을 설계하기를 권한다. 당신만의 장점, 특별함을 찾고 삶에 적용하라.

# 건강은 인생의 질을
# 높이는 수단이다

'국민 약골'로 불리는 개그맨 이윤석처럼 타고난 약골도 있고 이종 격투기 선수 추성훈처럼 타고난 강골도 있다. 당신이 타고난 강골이라면 바랄 것 없이 최고다. 그런데 선천적인 약골, 강골은 건강과 또 다른 영역이다. "건강한 몸에 건강한 정신이 깃든다"라는 말이 있다. 대체로 맞는 말이다. 하지만 체력이 약한 '약골'도 충분히 건강할 수 있다,

건강이란 무엇인가? WHO는 건강을 단순히 질병이나 허약함이 없는 상태가 아니라 '신체적, 정신적, 사회적으로 완전한 안녕 상태'로 규정한다. 건강이란 몸과 마음의 결합에서 나타나는 하나의 종합 활동이라 할 수 있다. 나아가 건강은 일에 집중할 수 있는 힘이다. 그런 의미에서 약골이라고 건강하지 않다고 볼 수 없다. 매일 약을 먹으면서도 왕성한 사회 활동을 하고 있는 이윤석은 약골이지만 건강한 사람이다.

어떤 사람이 건강한 사람인가? 모든 일에는 때가 있고 그 타이밍을 맞추는 게 중요하다. 타이밍을 맞출 수 있도록 의지대로 행동할 수 있는 사람이 건강한 사람이다. 비즈니스 파트너, 친구를 구할 때도 이런 사람이 환영받는다. 강골이든 약골이든 상관없이 약속 잘 지키고 의지대로 움직일 수 있으면 되는 것이다. 약골들은 자기가 어떻게 움직여야 살아남는지를 잘 알고 있다. 무리일 것 같으면 미리 손사래를 치고 물러난다. 본의 아니게 약하게 보이거나 겸손하게 보일 수도 있다. 하지만 그들은 타이밍을 잘 맞추는 것이다.

## 우리는 왜 건강해야 할까?

너무 당연한 이 질문에 대해 100세 철학자 김형석 교수는 최근 신문 인터뷰에서 이렇게 말했다.

"건강은 일을 위해 필요한 수단이다. 운동은 건강을 위한 거고, 건강은 일을 위한 거다. 처음에는 돈이 필요해서 일하고, 더 지나면 일이 좋아서 일하고, 나중에는 더 많은 사람의 자유와 행복을 위해서 일하게 된다."

건강하지 않으면 건강에 많은 시간과 노력을 쏟아야 하므로 정신적, 영적인 활동에 제약이 생긴다. 몸이 불편하면 때로는 마음먹은 대로 움직일 수 없다. 약속도 제대로 못 지키고, 하고 싶은 일도 못하고, 반드시 해야 할 의무조차 할 수 없다. 건강하지 못하면 정신이 육체의 눈치를 보게 되고 급기야 육체의 노예처럼 끌려 다니기도 한다. 윤태호 작가는 《미생》에서 체력에 대해 다음과 같이 말했다.

"목적하는 어떤 일이 있다면 먼저 체력을 길러야 한다. 게으름, 나태, 권태, 우울, 분노, 짜증 이 모두는 체력이 버티지 못해 정신이 몸의 지배를 받아 나타나는 증상이다. 사람들이 후반에 무너지는 이유, 상처를 입은 후 회복이 더딘 이유, 실수한 후 복귀가 더딘 이유는 모두 체력의 한계 때문이다. 체력이 약하면 빨리 편안함을 찾게 마련이고, 그러다 보면 인내심이 떨어지고 그 피로감을 견디지 못하게 되면 승부 따위는 상관없는 것이 된다."

결국 건강은 1차적으로 본인을 위해서 필요하지만 주변과 더 많은 이웃을 위해 필요한 것이다. 건강은 본인 삶을 풍요롭게 하는 것으로 시작해서 타인에 대한 배려와 사랑으로 완성된다. 건강은 정신과 육체, 삶의 품격, 인생의 품질을 높이는 중요한 수단이다.

그렇다면 아주 건강한 상태는 문제가 없을까? 대체로 지칠 줄 모르고 그 흔한 감기도 잘 앓지 않는 사람, 좀처럼 아프지 않는 사람이다. 그렇게 관리가 필요 없을 정도로 건강한 상태를 유지하고 있다면 마음대로 휘젓고 다녀도 되는가? 지나치게 건강하면 '건강 오만 상태'가 될 가능성이 있다. 자기 건강에 우쭐하여 병약한 주변을 배려하지 않고 자신을 지나치게 과

신하는 바람에 스스로 오판을 일으킬 수도 있다. 또한 지력보다 체력이 돋보이면 지성이 과소평가될 수도 있다. 육체의 건강에 몰두하다가 운동에 중독돼 시간을 낭비할 수도 있고, 상대적으로 정신 고양에 소홀할 수도 있다. 그래서 몸이 건강하면 정신도 건강하도록 균형을 맞춰야 한다. 예컨대 3시간 운동하면 1시간 정도는 정신 건강을 위해 독서, 묵상 등에 할애하는 것이 좋다. 몸과 마음의 균형을 세워야 한다.

# 상황이 나쁠 땐 물러설 줄 알아야 한다

내가 하고 싶은 것과 내가 할 수 있는 것은 다른 이야기다. "하고 싶은 일 맘껏 하면서 살라"라는 말은 기죽은 젊은이들에게 용기를 북돋아 주기 위한 격려다. 그러나 듣기 좋은 말이라고 다 실용적인 말은 아닌 듯싶다. 워런 버핏은 "능력의 범위를 알고 그 안에 머물러라. 범위의 크기는 그다지 중요하지 않다. 중요한 것은 범위의 경계를 아는 것이다"라고 말했다. 그러므로 내가 어떤 재능을 가졌는지 아는 게 중요하다. 능력 밖에서 행복을 추구하면 헛발질만 하다가 짧은 인생이 끝날 수도 있다.

현실적으로 직장 생활에서는 먼저 주어진 일을 잘해야 하고, 그다음엔 해야 할 일을 잘해야 한다. 그리고 나서 맨 마지막에 자기가 하고 싶은 일을 할 수 있다. 최악의 경우는 능력은 없는데 자기가 하고 싶은 일을 시작하는 것이다. 자녀에게 아무 조건도 달지 않고 '하고 싶은 거 맘껏 하고 살아라' 하고 방임하는 경우를 흔히 본다. 맞는 말이지만 이것은 마치 준비 되지도 않은 아마추어 댄서를 무대복만 입혀 카네기홀에 내보내는 것과 같다. 엄청난 비극의 시작을 알리는 전조다. 실현 가능성이나 조건을 따지지 않고 열정만으로 내달리는 것은 용기가 아니라 만용이다.

욕구와 표현의 자유는 어느 정도 여건이 갖춰졌을 때, 힘이 있을 때 해피 엔딩으로 이어진다. 힘이 부족한 자의 용기는 죽음으로 남을 뿐이다. 한 사람의 인생을 망가뜨릴 수도 있다. 과거에 총도 제대로 쏠 줄 모르는데 전장에 내몰렸던 학도병들을 기억하는가. 그들은 단지 무명용사비에서 '용감한' 전장의 희생자들로 기억될 뿐, 영웅으로 추앙받지는 못한다. 영웅은 전공(戰功)이 있어야 하고, 가능하다면 살아남아야 빛을 발한다. 한여름 밤 형광등에 몰려드는 불나방에게는 형광등 그림자 밑으로 수북이 쌓인 주검의 무더기가 보이지 않는다.


## 인생은 연습이 아니라 실전이다

"패가 나쁘면 죽어라."

포커 게임에서 흔히 하는 말이다. 자기 패만 보고 게임에 몰두하는 것은 하수다. 상황이 좋지 않으면 물러설 줄도 알아야 한다. 무모함과 모험은 구분돼야 한다. 무모함은 생각 없이 용기 하나로만 지르는 것이고, 모험은 철저한 기획으로 다져진 준비와 노력이다. 하고 싶은 게 있다면 힘을 기르고 확률을 높인 뒤 시작하자. 그래야 고생도 덜하고 성공 가능성도 높다. 패가 나쁜데도 지르는 것은 모험이 아니라 무모함이다.

바둑에 '세고취화(勢孤取和)'라는 말이 있다. 형세가 외로우면 화평을 취하라는 뜻이다. 자칫 비겁하고 약한 졸장부처럼 보일 수도 있지만 내가 약할 땐 열정과 희망을 잠시 눌러 줘야 한다. 욕망을 추스르고 세상과 화평을 취해야 한다. 자세를 낮추고 시간을 벌면서 힘을 길러야 한다.

프로는 경험을 쌓기 위해 무대에 서는 사람이 아니다. 실력을 보여 주기 위해 무대에 서야 한다. 프로는 연습하는 사람이 아니라 뭔가를 증명하는 사람이다. "저 사람은 참 좋은 사람이지만 같이 일하고 싶지는 않아", "저 사람이 한 일은 다시 확인해 봐야 해" 같은 평가를 듣는 사람은 프로가 아니다. 진정한 프로는 "저 사람 성격은 좀 까칠해도 일 처리 하나는 깔끔해. 믿을 수 있어"라는 평가를 듣는다. 일을 완벽하게 끝내는 게 프로의 조건이다. 불필요한 동작 없이 일도양단해야 한다. 이 세상에 경험 쌓으라고 자기의 소중한 자산이나 프로젝트를 맡기는 사람은 없다.

직장 생활을 하다보면 리더십을 발휘하는 자리에 오르게 되는데, 리더는 조직을 책임지는 프로다. 괜히 경험이나 쌓자고 어설프게 리더 자리에 오르면 직원들은 엉뚱한 희생자가 된다. 세상은 연습이 아니라 실전이다.

미리 연습할 수 없는 곳이다. 모든 기회는 단 한 번이고 이 순간은 다시 오지 않는 시간이다.

이 세상에서 가장 가슴 아픈 일은 나의 실패로 성공한 자를 바라볼 때다. 예컨대 일대일 데스매치 프로그램에서 승자에게 억지 미소와 박수를 치는 패자만큼 비참한 심경도 없을 것이다. 실패했다가 다시 성공하면 스릴 있지만, 일단 실패하면 다시 일어서기 어려운 게 인생이다. 그래서 실패하지 말아야 한다. 실패해도 가능하면 작게 실패하자. 뭐든 시작할 때 성공 확률을 높이는 프로가 돼야 한다. 최고가 되고 싶은 마음은 좋지만 아무 때나 자기가 하고 싶은 일을 시도하면 최고는커녕 영영 일어서지 못하고 생을 마감할 수 있다.

# 삶을
# 최적화하라

영화 〈기생충〉에서 "너는 계획이 다 있구나!"라는 대사가 나온다. 무계획으로 살아오던 아버지가 사기를 계획하는 아들을 보고 뿌듯해하는 대목이다. 누구나 인생에 계획이 있다. 학창 시절에는 시험 공부 계획과 놀계획이 있었다. 직장인이 되고부터는 계획이 좀 더 구체적이고 현실적으로 변한다. 결국 계획이란 현재의 '나'를 알아야 세울 수 있다.

먼저 내가 어떤 일을 어떤 패턴으로 하고 있는지 파악해야 한다. 예컨대 시간 단위별로 업무 일지를 정리해 보고 월별, 연별로 펼쳐 보면 전체 일의 성과와 나의 습관을 파악할 수 있다.

두 번째는 자기의 강점과 약점을 아는 것이다. 그래야 자기 사용 계획서를 작성할 수 있다. 당연히 두려움과 위협 요소도 인지해야 한다. 이것은

'SWOT 분석'과 흡사하다. SWOT 분석은 기업의 내부 강점(S)과 약점(W), 외부의 위협 요소(T)와 기회(O)를 파악하고 분석해서 전략을 짜는 기법이다.

자기 관리란 스스로를 자기 통제하에 두는 것이다. 남의 계획이 아니라 온전히 본인 스스로의 계획으로 세상과 맞서야 한다. 체중 관리나 몸매 등 외모 관리를 의미하기도 하지만 여기에서는 자기 욕망을 조절하고 통제하는 멘탈 관리를 의미한다. 나아가 목표 설정을 통해 자신의 미래를 설계하고 자신의 가치를 높이려는 태도다.

스티븐 M. 샤피로는《목표가 독이다》에서 "지도를 버리고 나침반을 사용하라"라고 했다. 지도는 구체적이고 주어진 길이다. 나침반에는 방향만 있고 길은 주어지지 않는다. 삶은 잘 닦인 고속도로가 아니다. 구불구불한 국도다. 만들어진 길을 가려면 내비게이션이 필요하지만, 길이 없는 사막이나 정글은 나침반이 더 유용하다. 특히 지금처럼 판이 흔들리는 시대에는 목표보다는 방향이 더 중요하다. 그래서 인생은 지도보다 나침반이다.

## 규칙적인 삶이 주는 자유로움

최적화란 가장 알맞은 상황으로 맞춘다는 말이다. 수학 전문 용어로, 주어진 조건 안에서 최댓값 또는 최솟값을 찾아 자원과 비용의 효율성을 추구한다. 자동차로 이동할 때, 여행 계획을 짤 때, 통신망을 구성할 때, 여러 일을 한꺼번에 처리할 때 시간, 거리, 넓이, 부피, 이익의 최댓값 또는 최솟값을 찾는 일이다. 예컨대 이윤, 점수 등의 경우는 최대화해야 할 것이고, 빠른 길 찾기, 비용, 손실, 에러 등의 경우는 최소화해야 할 것이다. 이는 수학, 물리학, 컴퓨터 알고리즘, 경영학, 경제학 등 여러 분야에서 광범위하게 응용되는 개념으로 우리의 인생 계획에도 유용하게 활용할 수 있다.

최적화는 일이 복잡하고 많을 때 쓰기 좋다. 일상에서 최적화는 단순화, 패턴화, 실행 세 가지 과정으로 요약할 수 있다. 대표적인 최적화 인물로는 철학자 이마누엘 칸트와 벤저민 프랭클린을 들 수 있다.

칸트는 규칙적인 생활로 유명하다. 오전 5시에 일어나 간단한 아침 식사와 연한 홍차 두 잔을 마시고 파이프 담배를 피운다. 7시부터 오전 시간은 주로 강의와 집필을 한다. 오후 1시에 친구들을 초대해 여러 이야기를 나누면서 점심 식사를 하고 오후 3시 30분이 되면 산책을 간다. 산책 후 친구 집에 들러 잡담도 하고 졸다가 7시에 돌아온다. 귀가 후 글을 쓰고 책을 읽다가 오후 10시에 잠자리에 든다. 19세기 초 당시 유럽인의 평균 수명이 35세일 때 그는 80세까지 살았다. 태생적으로 약골이었던 그의 장수 비결은 이런 엄격하고 절도 있는 자기 관리 덕분이었다.

벤저민 프랭클린의 '프랭클린 플래너'는 유명한 일정 관리 수첩이다. 그는 13가지 덕목들의 계율을 정의하고 수첩을 만들었다. 그리고 매일 저녁마다 하루의 행동을 떠올린 뒤 계율을 어긴 것이 있으면 해당란에 흑점을 찍는 등의 자세한 실천 방법을 제시했다.

칸트와 프랭클린 두 사람에게서 주목할 점은 두 가지다. 하나는 단조로운 규칙적 생활 속에서 역설적으로 자유와 여유를 유지했다는 점이다. 다른 하나는 패턴화, 단순화를 통해 불필요한 에너지 소모를 최소화할 수 있어 장기적으로는 자기 목표를 효율적으로 달성할 수 있었다는 점이다. 한마디로 표현하면 장기적 최적화의 인생 모델이다.

흔히 규칙적인 생활, 루틴(Routine)은 자유를 구속함으로써 자율성을 축소하는 것으로 생각한다. 그러나 규칙이 없다면 모든 순간마다 자잘한 판단이 필요하다. 이는 사고를 방해하고 시간을 낭비해서 오히려 비효율적이다. 예컨대 뭘 할 때마다 결정해야 하는 '자유 여행'은 겉보기엔 자유로워 보이나 피로도가 높고 시간 낭비가 커서 여행을 방해할 수 있다. 물론 특별한 목적 없이 빈둥대는 여행은 예외다.

반면 패키지 여행은 가이드가 짠 프로그램대로 움직인다. 자율성이 떨어져 꺼리는 경향도 있으나 어디로 갈지, 뭘 타고 갈지, 뭘 먹을지 등의 일상적인 판단은 가이드에게 맡기고 온전히 여행에만 집중할 수 있다는 장점이 있다. 칸트나 프랭클린이 추구한 일상의 단순화는 군더더기 판단들을 제거함으로써 선택과 집중이 가능하고 효율을 높인다. 이는 최적화된 자유를 추구했다고 볼 수 있다.

# 신념은
# 진화해야 한다

최근 박항서 베트남 축구 감독이 연승을 거두면서 유명세를 탔다. 언론에서는 그를 '소통과 칭찬을 잘하는 사람' 정도로 말하고 있지만 그의 신문 인터뷰를 보면 생각이 달라진다.

"우승하기 위한 도전이 지나면 지키는 도전이 온다. 그러니 질 때 잘 져야 한다. 뭘 배울 게 있는지 잘 들여다봐야 한다."

내가 이 인터뷰에 주목한 이유는 그가 한창 승리를 거듭하고 모두가 칭송할 때 한 말이기 때문이다. 그는 승리에 도취돼 있지 않았다. 태만하지 않는 정신을 유지하고 있었다.

"신념이 강한 사람은 왠지 모르게 위대해 보이지만 그 사람은 자신의 과거 의견을 계속 가지고 있을 뿐 그 시점부터 정신이 멈춘 사람에 불과하다. 결국 정신의 태만이 신념을 만들고 있는 셈이다. 아무리 옳은 듯 보이는 의견이나 주장도 끊임없이 신진대사를 반복하고 시대의 변화 속에서 사고를 수정해 다시 만들지 않으면 안 된다."

니체가 한 말이다. 쉬지 않고 살아 있는 정신을 느끼는 사람만이 변화를 통해 의견이 굳어지는 것을 막을 수 있다.

## 진짜 자기의 삶은 30세부터 시작된다

이론을 다루는 학자라면 모를까 일반 사람이 신념이 확고한 것은 한 번쯤 다시 살펴볼 일이다. 통상 60세에 은퇴한다고 할 때, 20세까지는 부모 슬하에 있고, 30세까지는 사회 진출을 위해 준비한다. 그러니 30세부터 60세까지의 30년만을 온전한 자기의 삶으로 규정할 수 있다. 과거에는 한 가지 신념으로도 충분했다. 신념이 단단할수록 멋있게 느껴지고 개인의 정체성 발현에도 도움이 됐을 것이다. 그러나 4세대(조부모, 부모, 나, 자식)가 공존하는 100세 시대에는 다양한 세대와 소통하고 생각 차이를 극복하기 위해 신념의 조정이 필요하다.

시대의 보편적 가치를 대하는 유연성 있는 시각과 태도가 필요하다. 학자가 존경받고 직업을 지키려면 신념을 지켜야겠지만 일반인이 행복해지려면 한때의 신념은 둘둘 구겨서 주머니에 넣어 두거나 비망록 한곳에 보관하고 새로운 눈으로 세상을 다시 바라봐야 할 것이다.

강한 신념이 편견이나 고집으로 굳어지는 것도 문제지만 신념이 없는 '무(無)신념'도 문제다. 신념의 포기나 정체성의 공백이다. 공백은 함부로 결합하거나 채우려는 경향이 있다. 선악을 구분 못 하고 특히 강한 것에만 끌린다. 스스로가 약하니 별 조건이나 생각이 없다. 신념의 포기는 특정인을 향한 추종으로 흐를 수 있다. 이는 개인의 정체성 상실을 넘어 조직의 무뇌화, 과잉 집단화를 불러온다. 독선적 리더가 가장 좋아하는 사람들이다. 그들은 감정만 쓰다듬어 주면 별로 요구하는 것도 없고 쉽게 따르기 때문이다. 감정과 편견으로 가득해서 이성이나 논리가 통하기도 어렵다.

신념은 현실에 적용할 수 있는지를 따지며 진화해야 한다. 신념은 살아 움직이는 생물체 같은 것이다. 신념의 생로병사 사이클에서 죽어가는 신념을 붙잡고 있으면 신념의 주인인 나도 따라 죽을 수밖에 없다. 수많은 철학자가 숱한 신념을 남기고 떠났지만 지금 이 세상에 영원불변의 진리로 관통하는 것이 과연 몇이나 있을까?

나가는 말

# 우리는 누구나
# 빛나는 다이아몬드다

왜 우리 인간은 어리석게 과거를 반복하고 영적인 진전이 더딜까? 성찰의 진보가 과거 3000년 전보다 더 이뤄진 게 무엇인가? 문명은 기록의 누적으로 공동 유산화돼 전수, 발전돼 왔지만, 평생 일궈 낸 개인의 깨달음은 죽음으로 리셋돼 늘 0부터 시작하기를 반복해 왔다. 과거 기록을 통해 뭔가 진전을 이뤄 보려 노력하지만 과거를 이해하려다 세월을 다 보내고 죽음을 맞이한다. 제대로 전수되고 발전되려면 아버지가 60세에 깨달은 것을 나는 20세쯤 깨달아야 했다. 그런데 우리는 아버지가 60세에 깨달은 것을 나도 '늘 그때쯤' 깨닫게 된다. 리셋으로 인한 한계다. 지금은 컴퓨터와 책 덕분에 지식의 한계는 다소 해소됐지만 깨달음의 한계는 여전하다.

그렇다면 이 한계 상황에서 무엇을 추구하는 것이 인생의 진정한 가치가 될까? 시공을 관통하는 가치는 무엇일까? 세상은 지극히 느리지만 천천히 진실을 향해 흘러가는 것 같다. 그리고 우리들 대부분은 천성적으로 행복을 추구하며 매일 조금씩 행복해지려 노력하고 있다. 세네카는 "인생은 짧은 이야기와 같다. 중요한 것은 그 길이가 아니라 가치다"라고 말했다. 좋은 가치를 추구해야 한다. 좋다는 것은 '쾌락'이나 '이익'의 의미가 아니라 선(善)한 방향으로써의 의미다.

좋은 가치를 추구하고 공유하는 것은 집단 지성과 행복의 수준을 높여 보편적인 행복감을 확산하려는 작은 노력이다. 좋은 가치를 추구하면 좋은 사람들끼리 모여 좋은 일을 하게 될 것이고 결과적으로 좋은 사람들과 좋은 시간을 보내게 된다. 그러므로 중도에 실패한다 해도 그 일은 가치 있게 실패하는 것이다. 좋은 사람들이 남을 것이고, 좋은 추억과 좋은 깨달음이 남게 될 것이다. 따라서 실패가 두렵다고 좋은 가치를 추구하는 일을 주저할 필요가 없다.


한편, 좋은 가치 추구는 개인에서 타인에게로 미치는 선한 영향력이다. 이때 영향력의 '력(力)'은 어떤 힘이고, 의지가 작용하고 있음을 의미한다. 그 힘은 강약이 있고 변화가 불가피하며 다른 힘과의 충돌을 예고한다. 그리고 당신이 확고하게 믿고 있는 그 선이 항상 온전한 선으로 유지될지는 장담할 수 없다. 내가 확실하게 구별하는 선악도 어쩌면 나만의 착각이거나 취향이거나 나의 손익일 수도 있다. 우리는 때로 호불호와 선악을 혼동한다. 그의 몸에서 풍기는 냄새가 구리다 해서 그를 악이라 할 수 없고, 그녀가 환하게 미소 짓는다 해서 선이라 할 수 없다.

그러므로 내가 추구하는 선이 타인의 가치와 마주할 때는 잠시 멈출 줄 알아야 한다. 내가 치열하게 고민했던 인생의 가치와 선이 있듯 그 또한 복잡한 정신세계를 갖고 고민하는 존재라는 걸 이해해야 한다. 그는 내가 가는 길에 어쩌다 부딪힌 허들이 아니다. 공동선을 바라보며 자신의 길을 가고 있는 고귀한 존재다. 그러므로 나의 가치를 강제하기보다 그가 느끼는 것으로 만족해야 할 것이다.

좋은 가치란 반드시 고상하고 지적이며 어렵게 달성되는 그 무엇이 아니다. 세상에 있는 모든 것이 돈으로 환산되고 금덩어리와 비교될 수는 없다. 금전적 가치가 없거나 쉽게 얻어지면 무가치하다는 생각은 희소성과 등가성을 기초로 한 생존과 경쟁이 낳은 착각이다. 쉽게 얻어지거나 돈이 되지 않으면 정말 가치가 없는가? 공기는 항상 존재하지만 단 5분만 숨을 멈춰도 우리는 죽는다. 병들고 숨 쉬기 힘든 사람만이 공기의 존재를 절실하게 느낀다. 이같이 공기, 물, 숲, 들, 푸른 바다, 맑은 하늘 등 항상 곁에 있는 자연에는 참으로 가치 있는 것이 많다. 사람으로 치면 가족, 친구, 이웃 같은 것이다. 이들과 서로 오가며 교감하는 따뜻한 정과 사랑이다.

국립 중앙 도서관이 '세계 책의 날'을 맞아 지난 20년 사이 책 제목 키워드 출현 빈도를 분석했다. 가장 많이 사용된 단어는 '사랑'이다. 사랑은 1998년 490회, 2008년 1015회, 2018년 1177회 등장하며 모두 1위를 기록했다. 그만큼 사랑은 보편적인 감정이다. 한마디로 우리는 사랑 없이 살 수 없고, 사랑하지 않고는 못 배기는 존재다. 당연히 사랑 없이 성공하기도 힘들다. 그래서 위대한 성공에는 항상 사랑이 함께했다.

지금 시대적 흐름도 '사랑'이다. BTS의 〈다이너마이트〉가 2020년 9월 1일에 미국 빌보드 싱글 차트 '핫 100' 1위에 올랐다. 싱글 차트 1위와 앨범 차트 1위는 그 의미가 다르다. 앨범 차트는 앨범 판매 위주로 집계돼 응집력 높은 팬덤의 힘이 크게 작용한다. 반면 싱글 차트는 더 종합적으로 집계돼, 특정 세대나 취향을 뛰어넘는 보편적인 인기를 반영한다. 〈다이너마이트〉의 성공은 한마디로 재미있고 외우기 쉬운 멜로디와 긍정적인 가사 때문이다. 지금까지 빌보드 랭킹에는 주로 선정적이고 자극적인 가사가 많았으나 〈다이너마이트〉는 밝고 희망적인 내용을 담고 있다. 경쾌한 리듬에 사랑을 실어 코로나19 등으로 힘든 사람들을 격려하고 응원하는 휴머니티를 이야기한다. 우리네 감정 밑바닥에 기본적으로 '사랑'이 깔려 있다 보니 다들 환호하는 것이다.

다음은 〈다이너마이트〉의 한 소절이다.

난 다이아몬드, 빛나는 거 알잖아(I'm diamond you know I glow up)

노랫말처럼 우리는 모두 다이아몬드같이 빛나는 존재들이다.

지금 여러분이 매일 출근하고 있는 이 직장은 하나의 세계다.

몸과 마음으로 미래를 추구하는 모험의 장이다.

다이아몬드로 가득 찬 운동장이다.

반복되는 해돋이에 익숙해져 자신도 모르게 사육되는 것을 경계하라. 진정한 자유는 중력의 지배와 편견에 저항함으로써 얻어진다. 돈, 시간, 인간관계로부터 더 자유롭고 가치 있는 존재로 살아가기 바란다. 당신의 그 자유가 선한 가치와 사랑과 합체돼 지혜롭게 행사되기를 기대한다.

## 참고 문헌

### 책

- 강규일, 《5년 후 당신의 일자리가 사라진다》, 책들의정원, 2019
- 개리 비숍, 《내 인생 구하기》, 웅진지식하우스, 2020
- 김인구, 《개념 연예인》, 메디치미디어, 2012
- 니클라스 루만, 《벌거숭이 임금님: 신임 보스의 사회학》, 이론출판, 2018
- 버트런드 러셀, 《게으름에 대한 찬양》, 사회평론, 2005
- 비틀즈 외 6인, 《비틀즈 앤솔로지》, 오픈하우스, 2010
- 서은국, 《행복의 기원》, 21세기북스, 2014
- 스티븐 M. 샤피로, 《목표가 독이다》, 중앙위즈, 2015
- 아리스토텔레스, 《니코마코스 윤리학》, 숲, 2013
- 안광복, 《처음 읽는 서양 철학사》, 어크로스, 2017
- 우성민, 《어떻게 부자가 될 것인가》, 스노우폭스북스, 2018
- 우치다 다츠루, 《푸코, 바르트, 레비스트로스, 라캉 쉽게 읽기》, 갈라파고스, 2010
- 유발 하라리, 《사피엔스》, 김영사, 2015
- 윤태호, 《미생-아직 살아있지 못한 자》, 위즈덤하우스, 2012
- 이나모리 가즈오, 《왜 일하는가》, 서돌, 2010
- 이동규, 《생각의 차이가 일류를 만든다》, 21세기북스, 2019
- 이상원, 《서른 살 이전에 무조건 1억을 모아라》, 한스미디어, 2018
- 이서윤·홍주연, 《더 해빙》, 수오서재, 2020
- 이와세 다이스케, 《평생내공, 첫 3년에 결정된다》, 쌤앤파커스, 2012
- 정구철, 《이직의 정석》, 스노우폭스북스, 2019
- 제이 새밋, 《부의 추월이 일어나는 파괴적 혁신》, 한국경제신문사, 2018
- 조승연, 《생각기술》, 중앙m&b, 2003

- 지야드 마라, 《평가받으며 사는 것의 의미》, 현암사, 2020
- 최송목, 《사장의 세계에 오신 것을 환영합니다》, 유노북스, 2017
- 최윤식, 《당신 앞의 10년, 미래학자의 일자리 통찰》, 김영사, 2020
- 톰 니콜스, 《전문가와 강적들》, 오르마, 2017
- 프리드리히 니체, 《인간적인 너무나 인간적인》, 책세상, 2001
- 한창욱, 《걱정이 많아서 걱정인 당신에게》, 정민미디어, 2018
- 헬렌 S. 정, 《나는 왜 일하는가》, 인라잇먼트, 2012
- 황규자 외 7인, 《지친 무용수를 일으켜주는 무용 심리학》, 한양대학교출판부, 2020

기사

- SBS연예뉴스, 〈'블랙팬서' 콤비 마이클 B. 조던, 채드윅 보스만 추모 "조금 더 시간이 있었다면"〉 https://sbsfune.sbs.co.kr/news/news_content.jsp?article_id=E10010013041&plink=ORI&cooper=NAVER&plink=COPYPASTE&cooper=SBSENTERNEWS&plink=COPYPASTE&cooper=SBSENTERNEWS
- 국민일보, 〈고용절벽 속 공채 폐지 가속화… 기업 78.7%, 상반기 수시채용만〉 http://news.kmib.co.kr/article/view.asp?arcid=0924133152&code=11151400&cp=nv
- 딴지일보, 〈다시 보는, 철학자 칸트의 삶 4: 제왕의 사생활〉 http://www.ddanzi.com/ddanziNews/515693826
- 머니투데이, 〈휴넷 설문조사…직장인 신년 소망 1위 '자기계발'〉 https://n.news.naver.com/article/008/0004335604?lfrom=facebook
- 안전저널, 〈직장 권태기, 입사 3년차 가장 많아〉 https://www.anjunj.com/news/articleView.html?idxno=23087
- 영남일보, 〈[지식박스]쿨리의 '거울자아'〉 https://m.yeongnam.com/view.php?key=20071026.010260659320001
- 조선일보, 〈20년이 흘러도 인기있는 책 제목은 '사랑'〉 https://www.chosun.com/

site/data/html_dir/2019/04/23/2019042302358.html

- 중앙선데이, 〈죽도록 일 않고 필요한 만큼만…노동의 정상화 시대 온다〉 https://news.joins.com/article/23932124

- 중앙일보, 〈100세 철학자의 충고 "교인 수 1000명, 중견 교회로 가라"〉 https://news.joins.com/article/23699064

- 중앙일보, 〈박항서 "잘 져야 한다"…이 낯선 도전에 '매직'이 있다〉 https://news.joins.com/article/23670674

- 중앙일보, 〈자율주행차 타고 햄버거 주문하면 실시간 드론 배송〉 https://news.joins.com/article/23672789

- 중앙일보, 〈차장 반년 만에 사장 된 42세, 첫 행보는 직급파괴 인사실험〉 https://news.joins.com/article/23776457

- 크리스찬저널, 〈인생에서 두 번째 위대한 날〉 http://www.kcjlogos.org/news/articleView.html?idxno=15382

- 폴리뉴스, 〈아이유 대학포기 이유, "제대로 못 나갈 것 같아"〉 http://www.polinews.co.kr/news/article.html?no=73891

- 한겨레21, 〈하느님 20명, 재림예수 50명〉 http://h21.hani.co.kr/arti/cover/cover_general/34012.html


잡지 & 칼럼

- CHIEF EXECUTIVE, 〈[신경영 트렌드]워라밸 넘어 '워라인', 균형에서 통합으로〉 https://www.kmac.co.kr/customer/kmac_contents02.asp?bmode=v&listid=64670

- 서울경제, 〈[로터리]뉴노멀이란 무엇인가〉 https://www.sedaily.com/NewsVIew/1VN220XFM1

- 조선일보, 〈[서지문의 뉴스로 책읽기][196] 황교안 대표, 속죄할 길 없는 죄를 짓지 말라〉 http://news.chosun.com/site/data/html_dir/2020/03/30/2020033005346.html

- 중앙일보, 〈[김경록의 은퇴와 투자]수명에 대한 내기〉 https://news.joins.com/article/23777442
- 한겨레, 〈[사설]세계 팝 역사 새로 쓴 BTS에 아낌없는 찬사를〉 http://www.hani.co.kr/arti/opinion/editorial/960280.html

**블로그**

- https://darkpgmr.tistory.com/149
- https://m.blog.naver.com/inno_life
- https://m.blog.naver.com/PostView.nhn?blogId=neolamo&logNo=220823694766&proxyReferer=https:%2F%2Fwww.google.com%2F
- http://sjoh.hannam.ac.kr/Science/material/index.html

비전 있는 직장인의 태도

# 나는 전략적으로 살 것이다

ⓒ 최송목 2021

**인쇄일** 2021년 1월 14일
**발행일** 2021년 1월 21일

**지은이** 최송목
**펴낸이** 유경민 노종한
**기획마케팅 1팀** 우현권 **2팀** 정세림 금슬기 최지원 현나래
**기획편집 1팀** 이현정 임지연 **2팀** 김형욱 박익비 **라이프팀** 박지혜
**책임편집** 임지연
**디자인** 남다희 홍진기
**펴낸곳** 유노북스
**등록번호** 제2015-000010호
**주소** 서울시 마포구 월드컵로20길 5, 4층
**전화** 02-323-7763 **팩스** 02-323-7764 **이메일** uknowbooks@naver.com

**ISBN** 979-11-90826-35-8 (03190)